AF631219

CHRISTOPH BIEMANN
THOMAS MONTASSER

Buchstabenzauber

mosaik

Christoph Biemann
Thomas Montasser

Buchstabenzauber

Wie Sie Ihr Kind
fürs Lesen begeistern

mosaik

Alle Ratschläge in diesem Buch wurden von den Autoren und vom Verlag sorgfältig erwogen und geprüft. Eine Garantie kann dennoch nicht übernommen werden. Eine Haftung der Autoren beziehungsweise des Verlags und seiner Beauftragten für Personen-, Sach- und Vermögensschäden ist daher ausgeschlossen.

Wir haben uns bemüht, alle Rechteinhaber ausfindig zu machen, verlagsüblich zu nennen und zu honorieren. Sollte uns dies im Einzelfall aufgrund der schlechten Quellenlage bedauerlicherweise einmal nicht möglich gewesen sein, werden wir begründete Ansprüche selbstverständlich erfüllen.

Sollte diese Publikation Links auf Webseiten Dritter enthalten, so übernehmen wir für deren Inhalte keine Haftung, da wir uns diese nicht zu eigen machen, sondern lediglich auf deren Stand zum Zeitpunkt der Erstveröffentlichung verweisen.

MIX
Papier aus verantwortungsvollen Quellen
FSC® C014496

Verlagsgruppe Random House FSC® N001967

Dieses Buch ist auch als E-Book erhältlich.

1. Auflage
Originalausgabe September 2019
Copyright © 2019: Mosaik Verlag, München,
in der Verlagsgruppe Random House GmbH,
Neumarkter Str. 28, 81673 München
Umschlag: *zeichenpool, München
Umschlagmotiv: © privat (Autorenfoto),
© shutterstock/Squirrell (Bücher)
Vignetten im Buch: © shutterstock
Satz: Buch-Werkstatt GmbH, Bad Aibling
Druck und Bindung: GGP Media GmbH, Pößneck
Printed in Germany
JE · SH
ISBN 978-3-442-39352-7
www.mosaik-verlag.de

Inhalt

Willkommen im Club

Ihre Kinder lesen nicht?
Jedenfalls keine Bücher?
Willkommen im Club!

Ihre Erfahrungen decken sich mit denen unzähliger anderer Eltern, die sich wundern, die betroffen oder besorgt sind, weil der Nachwuchs partout nicht mehr zum Buch greifen will. In manchen Fällen ist es eine Art notorischer Leseunlust, die schon im frühen Alter anfängt, in anderen – den meisten – Fällen ist die Lust, ein Buch zur Hand zu nehmen, irgendwann im Kindes- oder Jugendalter plötzlich weg.

Was ist passiert? Ist Ihr Kind zu dumm, zu faul, zu bequem, sich mal mit ein wenig Lektüre Mühe zu geben? Oder haben Sie etwas falsch gemacht? Na ja, nicht sehr wahrscheinlich, oder? Das heißt aber nicht, dass hier ein unabänderliches Naturgesetz am Werk wäre. Lesen ist nichts, was man verlernt. Die Lust an Büchern ist nicht unwiederbringlich verloren! Es ist einfacher, Kindern, die schon einmal Leser waren, den Reiz der Lektüre wieder näherzubringen – aber auch vermeintlich hoffnungslose Leseverweigerer können die Freude am Buch entdecken, wenn man ihnen dabei ein wenig unter die Arme greift.

Dazu muss man kein strenges Regiment führen. Es braucht keinen Zwang – im Gegenteil! Freude am Lesen lässt sich nur nach dem Lustprinzip wecken. Dazu haben wir uns ausgiebig Gedanken gemacht. Natürlich haben wir auch geforscht und uns bei anderen Eltern, bei Lehrern, Buchhändlern und anderen Bibliophilen umgehört. Das Ergebnis ist dieses uneingeschränkt optimistische Buch, von dem wir hoffen, dass es auch für Sie manch erhellende Erkenntnis bereithält und dass es auch Ihnen vielleicht noch mehr Lust aufs Lesen macht – übrigens eine vorzügliche Hilfestellung für den Nachwuchs. Doch dazu später. Jetzt erst einmal:

Lesen Sie!

1.
Die Welt erobern

Was Lesen mit uns
macht und warum wir
Bücher brauchen

Medizin für Geist und Seele

Stellen Sie sich vor, Sie wären ein Buch, genauer: ein Kinderbuch. Da liegen Sie nun, seit Tagen warten Sie darauf, dass jemand Sie zur Hand nimmt. Immerhin versammeln sich in Ihnen ein Haufen großartiger Geschichten, die natürlich dringend gelesen werden wollen. Die Monster und Hexen beschweren sich schon, die Abenteurer und Feen halten es kaum noch aus. Magische Orte, finstere Winkel, legendäre Häuser wollen entdeckt werden. Zwischen Ihren Deckeln jagt ein witziger Gedanke den nächsten, ein atemberaubendes Ereignis folgt aufs andere. Die komischsten Situationen hätten Sie zu präsentieren. Nur dass es niemanden zu interessieren scheint.

So ungefähr geht es zurzeit Millionen von Kinderbüchern in Buchhandlungen, Bibliotheken und sogar in Kinderzimmern! Wie kann das sein?

Unsere Recherchen haben ergeben, dass offenbar ein sehr aggressives und hartnäckiges Lesemüdigkeitsvirus umgeht, das Kindern die Lust darauf nimmt, die tollsten Dinge zu erleben. Einige vermuten, dieses Virus springt aus Smartphones auf den Menschen über. Andere verorten es in immer volleren Kalendern oder auch nur im Fernseher. Inzwischen haben sich schon sehr viele Kinder damit angesteckt, und es scheint kein Ende der Epidemie erkennbar. Doch hier kommt die gute Nachricht: Es gibt Mittel gegen dieses Virus! Man kann es bekämpfen – und man sollte es bekämpfen. Denn was als allgemeine Schlappheit im Umgang mit Texten beginnt, kann sich im Laufe der Kindheit und Jugend zu einer gefährlichen Fantasielosigkeit auswachsen und auch sonst allerlei Nachteile im Leben mit sich bringen.

Wichtig ist, dass diese Mittel regelmäßig und in möglichst hohen Dosen verabreicht werden. Anders als bei anderer Medizin gilt hier die einfache Faustregel: Je mehr Sie geben, umso besser! Man kann eigentlich gar nicht überdosieren.

Hinzu kommt, dass es sich um eine Medizin handelt, die besser schmeckt, je mehr man davon zu sich nimmt. Gut, was sich nicht ausschließen lässt, ist, dass Ihr Kind danach süchtig wird. Ja, es ist sogar anzunehmen, dass nicht nur Ihr Kind, sondern dass auch Sie im Laufe der Zeit gewisse Suchtanzeichen spüren werden. Aber auch in dieser Hinsicht können wir Entwarnung geben: Die Sucht, die sich einstellt, ist – anders als alle anderen Süchte – eine gute! Sie fördert ihr geistiges Wohlbefinden, wirkt sich positiv auf das allgemeine Lebensgefühl und sogar auf Selbstwertgefühl und Mitgefühl aus! Sie ist intelligenzfördernd, trägt zum persönlichen

Wohlstand und ganz generell betrachtet zum Gemeinwohl bei.

Deshalb haben wir uns die Bekämpfung des Lesemüdigkeitsvirus auf die Fahnen geschrieben und uns entschieden, einen üppigen Cocktail an Rezepten für Sie aufzuschreiben. Denn es gibt eine Menge zur Anwendung der Medizin zu sagen, vielleicht auch einiges, worauf Sie selbst noch nicht gekommen sind, auch wenn Sie natürlich längst wissen, welches Mittel gegen das Virus hilft. Nämlich ein köstliches, ebenso vielfältiges wie einzigartiges, überall erhältliches und garantiert ungefährliches:

Bücher, Bücher, Bücher.

Was uns am Lesen fasziniert

Bücher? Natürlich gibt es Sachbücher, Ratgeber und Kochbücher, Fachbücher aller erdenklichen Disziplinen und gebundene Gebrauchsanweisungen für technische Geräte, es gibt Bildbände und Lexika. Alles wichtig, alles unverzichtbar. In diesem Buch aber geht es hauptsächlich um literarische Bücher, um »Fiction«. Denn anders als Sachbücher, Lexika oder Bildbände bieten diese Bücher etwas, dessen Bedeutung für unser Leben man gar nicht überschätzen kann: Geschichten.

In A. A. Milnes Weltbestseller *Pu der Bär* gibt es einen kleinen Dialog ganz am Anfang, der lautet:

»›Wie wär's mit einer Geschichte? … Könntest du bitte so lieb sein, Winnie-dem-Pu eine zu erzählen?‹
›Ich glaube, das könnte ich‹, sagte ich. ›Welche Sorte von Geschichten mag er denn?‹
›Über sich selbst. Denn diese Sorte von Bär ist er.‹
(…)
›Ich werde es versuchen‹, sagte ich.
Also versuchte ich es.«

Man liest schnell über diese kleine Szene hinweg, dabei enthüllt sie eines der großen Geheimnisse der Kinderliteratur. Die meistgeliebten Geschichten von allen nämlich sind die Geschichten, in denen sich die Leser selbst wiederfinden. Viele von uns machen es – meist unbewusst – ganz ähnlich, wenn sie anfangen, ihren Kindern Geschichten zu erzählen: Da tauchen plötzlich Heldinnen und Helden auf, die rein zufällig genau den gleichen Namen haben, die gleiche Haarfarbe, noch ganz klein sind, im selben Haus wohnen, in denselben Kindergarten gehen und so weiter. Wir tun das, weil wir Identifikationsfiguren für unsere Kinder erschaffen. Und das tun auch die Autorinnen und Autoren der Kinderliteratur. Sie mögen die einzelne Leserin oder den einzelnen Leser nicht kennen, aber sie wissen, wie Kinder ticken, was sie bewegt, was sie amüsiert, was Kinder spannend, komisch oder gruselig finden.

Oft sind es die geheimen Sehnsüchte unserer Kinder, die sich in den Geschichten widerspiegeln, manchmal sind es die Ängste, die Romanheldinnen und -helden zu verarbeiten helfen. Mal indem das Böse besiegt, mal indem es lächerlich gemacht wird. Oder wer hätte im Ernst Angst vor einem finsteren Schurken, der sich wie der Räuber Hotzenplotz von Kasperl und Seppl hereinlegen und dingfest machen lässt? Die Hexe wird entweder – wie bei *Hänsel und Gretel* – in den Ofen geschubst, oder sie ist – wie *Die kleine Hexe* – eine gute, die höchstens mal ein bisschen frech ist. Und schon haben wir sie wieder, die Identifikationsfigur! Diese kleine Hexe ist wie Ihre Tochter: lieb und nett und höchstens mal ein bisschen unartig. Aber auch wenn ihr das Ärger einbringt, am Ende wird doch alles gut.

Eines der wichtigsten »Gesetze« der Kinderliteratur überhaupt: Alles wird gut! Wir fiebern und leiden mit den Helden, lachen und weinen mit ihnen. Wir haben Heimweh mit Heidi und Herzklopfen mit Harry Potter. Aber am Ende wird das Mädchen den geliebten Großvater und den Geißenpeter wiedersehen, und Harry wird Voldemort erneut besiegen. Ganz nebenbei und völlig unbemerkt haben wir etwas gelernt: Trennung muss nicht für ewig sein, es gibt immer Hoffnung, und wir lassen uns von den Fieslingen auf diesem Planeten nicht unterkriegen!

Im Grunde lesen wir vieles nur deshalb, weil wir Stellvertreter für unsere eigenen Sorgen und Nöte suchen. Es mag uns nicht bewusst sein, ja nicht einmal bei oder nach der Lektüre auffallen. Aber letztlich ist es eine seelische Entlastung, die wir erleben, weil wir lesen. Die alten Griechen nannten es Katharsis. Ein schwieriges Wort für eine simple Wirkung. In dem Moment, in dem wir ein Buch aufschlagen und eine Geschichte zu lesen beginnen, schlüpfen wir in die Haut eines Anderen und lassen uns auf dessen Leben ein. Oft gelingt das, manchmal gelingt es nicht. Das könnte dann auch daran liegen, dass wir uns mit der Figur einfach nicht identifizieren können! Vielleicht wäre Ihre Tochter lieber Tinkerbell, aber deren Rolle kommt ihr bei *Peter Pan* zu kurz, und mit Peter kann sie nicht so viel anfangen. Vielleicht ist *Die Biene Maja* ein bisschen zu kindlich für die Seele Ihres Sohnes, der sich längst an älteren Helden orientieren möchte. Dann muss es eben ein anderes Buch sein! Eine andere Geschichte mit einem anderen Helden.

Denn obwohl es wichtig und wertvoll ist, auch Neues zu entdecken, so muss das Neue doch auch zu Ihrem Kind passen, um seinen ganzen Zauber zu entfalten. Oft, aber längst nicht immer, hängt das an der Identifikationsfigur. In vielen Fällen ist es die Atmosphäre, die ein Kind gefangen nimmt.

Viele Kinder haben durch *Harry Potter* zum Lesen gefunden. Für manche aber war die Welt, die J. K. Rowling in dieser Romanreihe gezeichnet hat, auch zu hart, zu düster, zu brutal. Ihre Seelen waren dafür nicht geschaffen. Dann sollte man sich auch nicht durchquälen, sondern zu einem anderen Buch greifen, es gibt ja mehr als genug!

Wenn Ihr Kind zartbesaitet ist, gehen Sie weniger danach, was gerade angesagt ist, suchen Sie lieber etwas, was zum Charakter Ihres Kindes passt. Fühlt es sich schon sehr erwachsen, dann lassen Sie die Leinen lockerer: Fordern Sie es auch mal durch anspruchsvollere Lektüren heraus! Nicht zu sehr, um ihm den Spaß nicht zu verderben. Aber doch genügend, um es weiterkommen zu lassen. Denn, siehe oben, am liebsten lesen wir Geschichten »über uns selbst«, also über Heldinnen und Helden, die wir – in einer anderen Welt – sein könnten. Nämlich in der Welt der Literatur.

»Für mich ist es heute noch ein Hauptmotiv des Bücherlesens, das sprichwörtliche ›Abenteuer zwischen den Ohren‹ zu erleben: Sicher und gemütlich auf dem Sofa oder im Liegestuhl sitzend, gut versorgt und gänzlich ungefährdet finde ich mich plötzlich inmitten eines nervenzerfetzenden Dramas wieder, werde als Held gejagt oder jage selbst, hetze durch eine abenteuerliche Geschichte, bestehe die gefährlichsten Abenteuer, die man sich nur vorstellen kann – ohne auch nur einmal nasse Füße zu bekommen. Meine Fantasie macht es möglich, mithilfe eines packenden Romans, der mich aus dem Hier und Jetzt entführt und für eine gewisse Zeit, gerade so lange, wie es mir gefällt, mit sich nimmt. Am Ende finde ich mich wohlbehalten und unbeschadet auf meinem Sofa wieder.«

Christoph Biemann

Es gibt viele Aspekte, die uns am Lesen faszinieren. Der faszinierendste von allen ist aber wohl, dass zwischen dem Buch und unserem Inneren eine unsichtbare Verbindung entsteht: Sie wirken zusammen wie zwei Hände beim Klavierspielen. Ein Film, der ohne Publikum läuft, ist identisch mit demselben Film vor Zuschauern. Ein Buch ohne Leser ist tot. Erst beim Lesen erwecken wir es zum Leben – und wie jeder Leser eine ganz eigene Persönlichkeit hat, erzählt das Buch jedem Leser eine einzigartige Geschichte, die es so niemand anderem erzählt. Denn jeder hat ein anderes Bild vor Augen, hört andere Stimmen und Geräusche, erlebt eine ganz eigene Welt. Ein Film, ein Bild, ein Computerspiel – sie gehören allen auf die gleiche Weise. Ein Buch aber, das ich lese, gehört so immer nur mir und niemandem sonst. Deshalb ist die Beziehung, in die wir mit einem Buch treten, immer eine intime, vertraute, einzigartige.

Ohne Papier ist alles nichts – ohne Bücher erst recht

»Ich lese den ganzen Tag. Wenn ich morgens die Augen aufmache, lese ich auf dem Wecker die Uhrzeit ab. Dann lese ich die neuesten Nachrichten auf dem Smartphone. Auf dem Weg zur Arbeit lese ich alles, was man lesen kann. Ich versuche sogar die Schlagzeilen der Zeitungen auf den Zeitungskästen zu lesen, von den Zeitungen, die für Menschen wie mich mit extra großen Buchstaben arbeiten.

Mein Büro ist so etwas wie ein Verdauungsapparat für Lesestoff. Ich lese praktisch den ganzen Tag, wenn ich nicht gerade schreibe oder andere, auch notwendige Dinge tue. Ich lese Mails, Prospekte, Kataloge, Broschüren. Mein Papierkorb ist abends immer voll. Zeitungen und Zeitschriften fasse ich im Büro nicht an. Ich habe Angst, mich zu sehr in die Lektüre zu vertiefen.

Das mache ich abends. Und wenn mir dann ein Artikel auffällt, der für mich beruflich relevant sein könnte, reiße ich ihn heraus und nehme ihn am nächsten Tag mit ins Büro.

Mein Lese-Tag endet abends mit einem Buch im Bett. Nach ein paar Seiten fallen meine Augen zu. Lesepause bis zum nächsten Morgen.«

Christoph Biemann

»Kinder, die mit Büchern aufwachsen, lernen besser lesen und haben später höhere Chancen auf einen erfolgreichen Bildungsweg«, schreibt das *Bundesministerium für Bildung und Forschung*. Irgendwie ahnt man es ja. Aber warum ist das eigentlich so?

Lesen ist eine Kulturtechnik, die uns zu vielen anderen wichtigen Dingen befähigt. Wer nicht lesen kann, für den bleibt vieles undurchsichtig. Was steht eigentlich genau in meinem Mietvertrag? Vertrage ich die Zutaten, die in einem Lebensmittel enthalten sind? Wie komme ich in die Stadtmitte? Wann kommt der Zug? In welchem Stockwerk ist welche Behörde untergebracht? – Lesen weist uns den Weg. Das lernen wir früh.

» Als ich ein Kind war, waren Straßenschilder und Wegweiser überaus wichtig für mich. So konnte ich mir mit meinem kleinen roten Rädchen die Stadt erobern und mir merken, wie ich wieder nach Hause finde. Denn natürlich hatte ich mich ein paarmal umgeschaut und wusste plötzlich nicht mehr, wo ich war. Aber als ich lesen konnte, halfen mir die Straßenschilder. Ich habe mir alle gemerkt und konnte die Stadt entdecken, ohne Angst zu haben, mich zu verirren.«

Christoph Biemann

Wer nicht lesen kann, wird sich in der Welt nicht zurechtfinden. Zumal wir in einer Zeit leben, in der immer mehr Texte verfasst werden! Ein großer Teil des sozialen Miteinanders findet heute – ganz anders als früher – schriftlich statt. Social Media sind nicht nur, aber sehr stark ein schriftliches Phänomen.

Natürlich ist es ein großer Unterschied, ob ich »Bin beim Shoppen« posten beziehungsweise lesen kann oder ob ich Tolstois *Anna Karenina* verstehe. Aber warum eigentlich? Warum ist es so viel schwieriger, einen komplexen Text nachzuvollziehen als einen ganz schlichten?

Hirnforscher haben herausgefunden, dass wir beim Lesen über eine Aufmerksamkeitsspanne von nur zwei bis drei Sekunden verfügen. Eine kurze Notiz lässt sich in so kurzer Zeit durchaus erfassen. Längere Texte brauchen deshalb eine andere Infrastruktur in unserem Gehirn. Leider ist die nicht von vornherein dort angelegt, sondern muss erst aufgebaut werden. Aber geht das denn? Und können wir das wirklich bewusst selber machen? Wir können! Und zwar, indem wir lesen.

Bei Kindern – aber auch noch bei Erwachsenen! – ändert sich durch das Lesen die Gehirnstruktur. Das haben Forscher des *Max-Planck-Instituts* in Leipzig nachgewiesen. Wer liest, bildet also seine kleinen grauen Zellen um. Im Grunde ganz ähnlich wie beim Sport, wo Muskeln trainiert werden. Diese sogenannte neuroplastische Veränderung findet bei einem Kind in der Großhirnrinde statt und führt dazu, dass seine kognitiven und sozio-emotionalen Fähigkeiten verbessert werden. Wer jetzt glaubt, das sei etwas für Traumtänzer und Wolkenschlossbauer, im echten Leben brauche es solche Blabla-Talente nicht, der sollte sich eine Studie der Universität Bologna vor Augen führen, die den schönen Titel *Books are forever* trägt. Dort wird argelegt, dass Menschen, die als Kinder überdurchschnittlich viele Bücher gelesen haben, auch überdurchschnittlich verdienen: und zwar um 21 Prozent mehr!

Aber braucht es dazu Bücher? Schließlich kann ich jeden langen Text genauso gut am Bildschirm lesen. Ja, kann ich, das macht nur leider nicht so klug. Eine Gruppe von 130 renommierten Wissenschaftlern, die sich im sogenannten COST-Forschungsnetzwerk zu einer Studie über die Zukunft des Lesens zusammengefunden haben, stellt in ihrer Erklärung von Stavanger fest: »Die Forschung zeigt, dass Papier weiterhin das bevorzugte Lesemedium für einzelne längere Texte bleiben wird, vor allem, wenn es um ein tieferes Verständnis der Texte und um das Behalten geht. Außerdem ist Papier der beste Träger für das Lesen langer informativer Texte.«

Fiktive Geschichten wie die, über die wir in diesem Buch sprechen, sind damit wohl nicht gemeint. Und das ist auch richtig. Wenn aber die Forscher weiter ausführen: »Das Lesen langer Texte ist von unschätzbarem Wert für eine Reihe kognitiver Leistungen wie Konzentration, Aufbau eines Wortschatzes und Gedächtnis. Daher ist es wichtig, dass wir das Lesen langer Texte als eine unter mehreren Leseformen bewahren und fördern«, dann bedeutet das auch: Wer gelernt hat, sich mit langen Texten zu beschäftigen, wird sich auch mit langen informativen Texten leichter tun. Oder anders gesagt, wer Bücher lesen gelernt hat, kann Bücher lesen. »Tiefes Lesen«, wie es die Wissenschaft bezeichnet, lernt man nun einmal nicht am Bildschirm. Die Stavanger-Forscher haben ganz klargemacht, das eine darf vom anderen nicht verdrängt werden – beides hat seine ganz eigene Berechtigung und Qualität. Allerdings: »Da das Bildschirmlesen weiter zunehmen wird, müssen wir dringend Möglichkeiten finden, das tiefe Lesen langer Texte in Bildschirmumgebungen zu erleichtern.«

Damit ist natürlich gemeint: Wir müssen dem Buch Raum verschaffen, wo wir nur noch von Bildschirmen umgeben sind. Das bedeutet nicht nur, dass wir Bücher nicht aus unserer Umgebung verbannen dürfen, sondern auch, dass wir in unserem Leben »bildschirmfreie Zonen« einrichten müssen. Das könnte zum Beispiel auch das Kinderzimmer sein. Vielleicht nicht immer. Aber doch zu gewissen Zeiten.

Lesenlernen gehört zu unserer Evolution

Anders als für den Erwerb von Sprache oder für die räumliche Orientierung gibt es im Gehirn kein eigenes Areal, in dem eine Art »Lesezentrum« angelegt wäre. Das hängt vermutlich damit zusammen, dass das Lesen in unserer Evolution noch nicht berücksichtigt ist, weil es noch so neu ist. Schrift gibt es ja erst seit etwa 4500 Jahren. Umso größer ist die Leistung, die jeder einzelne Mensch individuell erbringt, wenn er lesen lernt. Darauf dürfen wir also durchaus stolz sein. Im Grunde entwickeln wir beim Lesenlernen Teile unseres Seh- und unseres Sprachzentrums um, damit wir auch Buchstaben erkennen können. Der Umbau des Gehirns reicht bis in Bereiche, die wir mit den Reptilien gemein haben.

Nun kann man sagen: Gut, lesen lernt mein Kind ja in der Schule. Und Praxis hat es dann durch den Chat mit den Freunden. Nur dass das so nicht stimmt. Zumindest nicht ganz. Zum einen haben die Wissenschaftler herausgefunden, dass sogar noch im Erwachsenenalter die Lesekompetenz trainiert werden kann. Zum anderen fördert regelmäßiges Lesen den Signalaustausch zwischen den verschiedenen Hirnregionen. Schon wer einzelne Wörter liest, aktiviert bestimmte Bereiche seines Gehirns. Der prämotorische Kortex spielt bei der Lektüre von Geschichten eine besondere Rolle: Er ist wichtig für höhere geistige Leistungen oder das Nachvollziehen und Imaginieren von Perspektivwechseln. Man vermutet, dass das auch der Grund dafür ist, dass Menschen, die viele Romane lesen, ausgeprägtere soziale Fähigkeiten haben. Psychologen der University of Toronto haben das bei einem Empathie-Test auch nachweisen können. Und dass wir beim Romanelesen das Gedächtnis ständig trainieren, zeigt schon die Tatsache, dass geübte Leser/innen schon nach wenigen Augenblicken wieder mittendrin sind in einer Geschichte, kaum, dass sie das Buch erneut aufgeschlagen haben.

Einem Zehnjährigen, der keine Lust hat zu lesen, wird das freilich ziemlich egal sein. Wenn es schlecht für ihn läuft, hat er die Erfahrung gemacht, dass Bücher unendlich langweilig sind: seine Schulbücher nämlich, durch die er sich hindurchquält und die ihm den Spaß am Lernen verderben. Und dieser Zehnjährige hat starke Fürsprecher! In einem Interview mit der *Welt* stellt der Hirnforscher Ernst Pöppel klar: »Der Wirkungsgrad der Wissensvermittlung durch Lesen ist unglaublich gering, wenn man sich nicht gewaltig konzentriert. Wenn ich einen wissenschaftlichen Text lese und seine Bedeutung verstehen will, erfordert das eine hohe Konzentration. Nur mit harter Arbeit lässt sich die Sache durchdringen.«

Also ist doch alles Üben vergebens? Wir wollen hier nicht für die Abschaffung von Schulbüchern plädieren (höchstens für bessere Schulbücher), aber wir wollen einem Missverständnis vorbeugen: Buch ist nicht gleich Buch! Wer bei der Lektüre eines Textes frustriert ist, kann trotzdem einen ganz anderen Text mit dem größten Genuss lesen! Auch unser Zehnjähriger! Wenn er ein Kinderbuch in die Hand bekommt, das ihn wirklich anspricht, wird er seine Freude daran haben können. Oder wie es der Hirnforscher ausdrückt: »Anders ist das beim Lesen von Gedichten, Novellen oder Romanen. Dabei entsteht in mir selber ohne Anstrengung eine individuelle Geschichte mit meinen inneren Bildern. Die kann ich mir dann viel besser merken.« Mit anderen Worten: Fiktive Geschichten zu lesen, ist ein Schlüssel zu mehr Lesefreude.

Deshalb kann man sagen, dass uns das Lesen von Romanen schlauer macht, mitfühlender und auch noch erfolgreicher. Es fördert Konzentration und Gedächtnis, und es erweitert den Wortschatz. Wer sich das für sein Kind nicht wünscht, sollte es dringend von spannenden Geschichten fernhalten.

Wie alles anfängt

Erinnern Sie sich noch, welches Ihr erstes Buch war? Wo Sie zum ersten Mal ein Buch bewusst wahrgenommen haben? Wann Sie sich zum ersten Mal für ein Buch interessiert haben? Viele von uns lernen Bücher zuerst über den Tast-, den Geruchs- und den Geschmackssinn kennen, weil ihnen jemand schon im Säuglingsalter ein Buch – vielleicht eines aus Stoff oder Plastik – in die Hand gedrückt hat und dieses Objekt dann, genau wie alles andere, auf direktem Weg in den Mund gewandert ist. Wann aber beginnt das Buch, seine inhaltliche Faszination auf uns auszuüben? Wann haben Sie zum ersten Mal wissen wollen, was da eigentlich drinsteht?

Dieses Aha-Erlebnis kommt bei manchen Menschen früh, bei anderen später und bei manchen leider auch nie. Letztere sind die, die nie herausfinden werden, was ihnen entgeht. Natürlich sind die Ersteren die beneidenswertesten von allen, weil sie eine lange Zeit ihres Lebens von Büchern profitieren. Je früher wir deshalb unseren Kindern die Welt der Bücher aufschließen, umso besser!

Aus vielen Wohnzimmern, ja aus vielen Wohnungen verschwinden in den letzten Jahren zunehmend die typischen Bücherregale. Es ist gewiss im Prinzip ein guter Trend, wenn Menschen erkennen, dass weniger oft mehr ist und man sich deshalb nicht mit einer stets wachsenden Anzahl von Dingen umgeben sollte. Das schont die Umwelt, trägt zu einem bewussteren Leben bei – und wenn man es richtig anstellt, spart man dabei sogar Geld. Bei Büchern würden wir hier allerdings für eine – zumindest partielle – Ausnahme plädieren! Denn selbst wenn man entschlossen ist, nicht weniger zu lesen, bedeutet es einen erheblichen Unterschied, ob man Bücher besitzt oder nicht.

Es ist nicht nur ziemlich leicht, selbst herauszufinden, dass die Lektüre eines echten Buchs meist mehr Vergnügen bereitet als die eines E-Books oder irgendeines Textes am Bildschirm. Es ist außerdem wissenschaftlich erwiesen, dass man sich Inhalte besser merken und dass man sie geistig und emotional besser verarbeiten kann, wenn man Texte auf Papier liest. Auch wenn man also ein und denselben Text »konsumiert«, bedeutet es einen erheblichen Unterschied, wie man das anstellt!

Die Lebenswirklichkeit unserer Kinder ist von einer sehr starken Bildschirmpräsenz geprägt. Die meisten Kinder dürfen fernsehen, viele bekommen schon früh ein Smartphone, Computerspiele sind längst in den meisten Kinderzimmern vorhanden, auch schulische Arbeiten werden immer früher am Rechner geschrieben. In den Schulen übernehmen zunehmend Whiteboards die Rolle der guten alten Schiefertafeln, es wird um Tablets für jedes Schulkind gerungen, auch um die Schulbücher abzuschaffen ... Für jede dieser Entwicklungen gibt es Argumente. Sei es die kommunikative Kompetenz, sei es der Umgang mit den Mitteln einer digitalisierten Welt, sei es der Umstand, dass weniger Schulbücher leichtere Schultaschen und damit weniger Rückenprobleme bei Schulkindern bedeuten können. Aber jeder Bildschirm ist einer mehr, der der Lektüre von Büchern und damit auch der Lesekompetenz im Wege steht. Es stimmt zwar, dass auch Kinder – so wie der Rest der Menschheit – durch die Einführung von E-Mails, Sozialen Netzwerken und digitalisierter Arbeitswelt heute mehr schreiben und lesen als jede Generation zuvor. Aber die Qualität des Geschriebenen und entsprechend des Gelesenen nimmt ab: Die Texte, die wir auf Bildschirmen lesen und schreiben, sind kürzer, einfacher und fehlerhafter als auf Papier Verewigtes.

Es sei denn, man hat das schriftliche Kommunizieren nicht erst mit dem Computer gelernt, dem großen oder dem kleinen in Form eines Handys. Denn wer es bereits beherrscht, bevor er auf digitale Kommunikation umsteigt, wird zwar vermutlich seine vielleicht schöne Handschrift einbüßen, aber nicht seine orthografischen und stilistischen Fähigkeiten.

Je früher wir also mit Texten vertraut werden, und

zwar mit gedruckten Texten, umso besser. An den Bilderbüchern werden für die Kleinen die Bilder das Interessante sein, die Texte können sie ja in der Regel selber noch gar nicht lesen. Und dennoch: Das Schriftbild wird ihnen vertraut, prägt sich ein, macht den eigenen Umgang mit Texten später leichter. Bilderbücher sind die perfekte Einstiegsdroge fürs Lesen! Sie zeigen, wie man ein Bild, von dem der Text erzählt, in seinem Kopf formen kann. Die Herausforderung an die Fantasie mag beim Lesen eines Bilderbuchs geringer sein als bei der Lektüre beziehungsweise beim Hören eines Texts, der nicht illustriert ist. Aber die Kombination von Text und Bild trainiert die Fähigkeit, das, was in einem Text erzählt wird, auch »zu sehen«.

Wer Bilderbücher liest, dessen Fantasie wird bei der Lektüre reiner Textbücher leichter beflügelt werden. In der Regel stehen am Anfang Bücher mit vielen großen Bildern, dann folgen solche, in denen weniger und immer weniger Bilder sind – bis man ganz selbstverständlich mit einem Text umgeht, den man etwas boshaft auch als Bleiwüste bezeichnen kann. Aber das verkennt eben, dass die wahren Bilder ja immer noch drin sind, ja sogar wesentlich mehr davon!

Und diese Bilder zu sehen, lernen wir im Laufe der Zeit. Man kann Bilderbücher vielleicht ein wenig mit Liedern vergleichen: Ein Gedicht zu lernen, wird leichter, wenn es mit Musik verbunden ist. Wir merken uns den Text viel leichter, als wenn wir ihn nur geschrieben sehen oder wenn er uns nur mündlich vorgetragen wird.

Sorgen Sie deshalb für viele Bilderbücher in der Welt Ihres Kindes, je früher, desto besser. Und überhaupt für die Anwesenheit von Büchern im Alltag. Sorgen Sie auch dafür, dass diese Bücher nicht bloß eine theoretische Rolle spielen. Wie das geht? Lesen Sie selber Bücher! Eltern sind für ihre Kinder die ersten und die wichtigsten Vorbilder. Man sollte sich das auch und gerade dann immer mal wieder bewusstmachen, wenn man mit dem Smartphone auf dem Sofa sitzt. Dann sitzt man eben nicht mit einem Buch auf dem Sofa. Die unterschwellige Botschaft, die sich Ihrem Kind vermittelt, ist: Man sitzt mit dem Smartphone auf dem Sofa. Wenn Sie wollen, dass Ihr Kind Umgang mit Büchern pflegt, pflegen Sie selbst Umgang mit Büchern. Es reicht nicht zu sagen: Als ich ein Kind war, habe ich so viel gelesen. Denn die naheliegende Frage wird sein: Und warum tust du es heute nicht mehr? Die noch viel näherliegende Antwort: Weil es Interessanteres gibt als Bücher zu lesen. Und dieses Interessantere will ich auch tun.

Man kann es Kindern nicht verdenken, wenn sie das Medium mit dem Inhalt verwechseln. Sie glauben, das Smartphone sei besser als ein Buch, weil alle Welt ja immerzu ins Smartphone schaut, aber kaum mal jemand in ein Buch. Es steht außer Frage, dass es Wichtiges, Kluges, Interessantes und Erhellendes auf dem Bildschirm zu lesen und dass es ebenso todlangweilige, überholte oder einfach grottenschlechte Bücher gibt. Sie sind aber nicht schlecht, weil sie Bücher sind, so wie der gute Inhalt, den man auf dem Smartphone liest, nicht deshalb gut ist, weil man ihn digital konsumiert. Man wird beides aber eben nur dann erfahren, wenn man auch beides ausprobiert. Da hat das Smartphone einen gravierenden Wettbewerbsvorteil, weil es omnipräsent geworden ist! Menschen in der U-Bahn nutzen es, Menschen auf der Parkbank, Menschen beim Snack im Shopping-Center, Menschen an der Bushaltestelle, im Café und an praktisch jedem anderen Ort der Welt. Überall sieht man Menschen gebannt auf den kleinen Bildschirm ihres Handys starren, die man früher mit einem Buch oder einer Zeitung gesehen hat. Und es ist ja auch naheliegend: Man kann mal eben auf die Schnelle etwas lesen, nachsehen, anhören, recherchieren, checken, beantworten, erledigen ... Das Buch dagegen ist seiner Natur nach ein Medium, mit dem man gerne allein ist, für sich, in einer Art intimem Austausch. Klar, dass das Smartphone es in der Öffentlichkeit weitgehend abgelöst hat.

Umso wichtiger, dass Sie zu Hause das Gegenteil vorleben. Lesen Sie Bücher! Lesen Sie sie nicht erst im Bett, wenn der Nachwuchs längst selig schlummert, lesen Sie

sie vielmehr so, dass Ihre Kinder das auch mitbekommen. Die Mama oder der Papa mit einem Buch auf dem Sofa, auf dem Balkon, im Sessel, das sind Bilder, die sich einprägen sollten. Bilder, die zu Vorbildern werden können. Wenn Ihr Kind erkennt, wie unglaublich fesselnd Bücherlesen für Sie offenbar ist, dann wird es selbst auch neugierig darauf werden, das auszuprobieren. Wenn es zu den Standards der Welterkenntnis gehört, dass Mütter und Väter Bücher lesen, werden sie selbst vielleicht auch Bücher lesend vor ihren Kindern sitzen und ihnen Welten eröffnen, indem sie sich selbst einen Gefallen tun. Denn klar, wenn Sie Bücher lesen, um zu zeigen, wie toll das ist, dann werden Sie auch eine gute Zeit mit Ihrer Lektüre haben. Das sei Ihnen von Herzen gegönnt.

Früh beginnen und nicht nachlassen!

»Ein Kreis, Berge, ein Kreis: OMO, das war das erste Wort, das ich lesen konnte. Eine Waschmittelwerbung an einer Litfaßsäule. Schnell kamen weitere Buchstaben und Wörter dazu, und ich war begeistert. Ich hatte eine neue Welt entdeckt. Und mir war klar, dass das nur der Anfang war.

Und so kam es. Ich las alles, was mir in die Finger beziehungsweise vor die Augen kam. Noch heute erwische ich mich, wie ich auf Packungen herumlese, die auf dem Frühstückstisch stehen, selbst, wenn das, was ich da lese, für mich völlig irrelevant und uninteressant ist.

Das Lesen hat mir Sicherheit gegeben. Ich konnte mich in der Welt zurechtfinden. Und wenn ich es heute rückblickend betrachte, dann ist es vielleicht das, was mir Lesen wurde: Orientierung. Zu lesen bedeutet, sich in der Welt besser zurechtfinden zu können.«

Christoph Biemann

Es fängt mit kleinen Texten, mit einzelnen Wörtern an. Je komplexer aber das Leben wird und je größer die Anforderungen, umso wertvoller wird es, auch längere Texte zu lesen und zu verstehen. Und dann, wenn wir – auch dank der Fähigkeit zu lesen – ins Leben hineingefunden haben, hilft uns das Lesen auch, aus vielem wieder herauszufinden: aus dem Alltag, aus der Langeweile oder aus dem Stress. Durch das Lesen erobern wir die Welt, und durch das Lesen können wir ihr wieder entfliehen! Diese und viele andere geradezu magische Aspekte faszinieren uns am Lesen und machen Bücher zu einem »Survival Kit« für den Alltag oder ganz einfach zu einem der wichtigsten geistigen Grundnahrungsmittel.

Deshalb ist es so wertvoll, möglichst früh mit dem Lesen anzufangen. Denn was einem schon früh gegeben wurde, davon zehrt man sein Leben lang. Was wir als Kinder gelesen haben, prägt unser Bild von der Welt, hilft uns durch schwierige Zeiten und lässt uns das Leben besser verstehen. Unsere Kindheitserinnerungen sind vielfach geprägt durch Leseerlebnisse.

» Meine Oma arbeitete in Grabow in der Stadtbibliothek. Einmal in der Woche las sie einer Kindergruppe vor. Ich durfte mit, obwohl die Bücher für eine andere Altersgruppe waren. An zwei dieser Bücher erinnere ich mich besonders gut.

Zum einen an *Die Akademie des Meisters Klecks* von Jan Brzechwa. Da wird ein Junge in eine Akademie gezaubert, in der Märchenfiguren sind, aus Klecksen Tiere entstehen und schöne Träume belohnt werden. Der Meister Klecks hat seine Schüler auf Klassenfahrt mitgenommen. Fliegend – versteht sich. Vielleicht habe ich meine Figur des Christoph aus *Die Sendung mit der Maus* ein wenig diesem Meister Klecks nachempfunden. Denn die meisten meiner Filme sind ja letztlich nichts Anderes als gemeinsame Ausflüge in ein interessantes Thema, kleine Entdeckungsreisen mit vielen Kindern.

Ein anderes Buch, das mich beeindruckt hat, war *Die rote Zora und ihre Bande* von Kurt Held. Kinder, die zusammenhalten und sich gegen böse Erwachsene durchsetzen – das hat mich beeindruckt und ermutigt.

Damals in der DDR wurde viel für Kinder- und Jugendliteratur getan. So waren oft Bücher in den Paketen, die meine Oma uns in den Westen schickte. Ja, so war das damals. Wir schickten Kaffee, Schokolade, Westzigaretten und was sonst noch gewünscht wurde Richtung Osten. Und zurück kamen schöne Bücher und in der Weihnachtszeit Omas leckere Stollen, in die manchmal sogar etwas Familien-

schmuck eingebacken war. So fand der seinen Weg nach Westen.
Besonders erinnere ich mich an Bücher von Ludwig Renn, zum Beispiel *Trini*, die Geschichte eines Indianerjungen. In *Herniu und der blinde Asni* ging es um Germanen und in *Nobi* um ein Kind in Afrika. Das waren großartige Abenteuer zwischen den Ohren! Ich entdeckte Welten, die ich anders nie hätte erleben können – und ich war ein Indianerjunge, ein Germane und ein kleiner Schwarzafrikaner.«

Christoph Biemann

Ein weiterer wichtiger Teil des Wesens von Büchern besteht darin, dass wir lernen, uns in andere Menschen hineinzuversetzen, mal jemand zu sein, der wir im normalen Leben nicht sind. Das fördert Weltoffenheit und Verständnis für die Probleme anderer. Ob es dann Kinder in der sogenannten Dritten Welt sind oder Kinder, die einfach in ganz anderen gesellschaftlichen oder familiären Umständen aufwachsen, ist egal – letztlich erkennen wir, dass auch andere Menschen Menschen sind. Menschen mit Träumen und Hoffnungen, Nöten und Sorgen. Aber auch mit all ihrem inneren Reichtum, ihrer Kultur, ihren Fähigkeiten und ihren Stärken.

Wer das früh erfährt, hat es leichter, auf andere Menschen zuzugehen. Natürlich ist alles, was wir spät lernen, deshalb nicht schlechter, aber jeder Tag, den wir früher mit Büchern zu tun haben, ist ein gewonnener Tag. Auch deshalb, weil wir – wie beim Erlernen einer Sprache oder eines Musikinstruments – uns leichter tun, wenn wir früher damit anfangen. Lesen ist in erster Linie eine Fähigkeit, es kann aber auch ein Talent sein. Denn Lesen und Lesen sind nicht einerlei. Die einen lesen einen Text und wissen, was er *erzählt*, die anderen lesen ihn und wissen, was er *bedeutet*.

Wer sein Kind früh mit Büchern zusammenbringt, tut ihm deshalb viel Gutes und fördert seine Kompetenzen. Er beschert ihm ganz nebenbei für die Gegenwart viel Spaß und für die Zukunft wunderbare Erinnerungen! Fangen Sie deshalb am besten noch heute an, die Freude am Lesen in Ihrem Kind zu wecken. Natürlich ist es dafür nie zu spät. Es ist aber garantiert nie zu früh!

Die faszinierende Welt der Bücher

»Maxe hob den Kopf vom Tisch und blinzelte. Grelles Sonnenlicht fiel auf die Tafel und blendete ihn. Der erste richtige Sommertag. Sehnsüchtig sah Maxe nach draußen, doch die Fenster des Klassenzimmers waren winzig klein und mit dicken Gitterstäben versehen.«

Na? Wo sind Sie gerade? In einem stickigen Klassenzimmer, wo Sie sich fühlen wie in einem Gefängnis? So wie Maxe in Sabrina Kirschners *Die unlangweiligste Schule der Welt*?

»Die Frau Berti Bartolotti saß im Schaukelstuhl und frühstückte. Sie trank vier Tassen Kaffee und aß drei Brötchen mit Butter und Honig und zwei weiche Eier im Glas und eine Scheibe Schwarzbrot mit Schinken und Käse und eine Scheibe Weißbrot mit Gänseleberpastete. Weil die Frau Bartolotti beim Essen und Trinken schaukelte – Schaukelstühle sind ja schließlich zum Schaukeln da –, bekam ihr hellblauer Morgenmantel braune Kaffeeflecken und gelbe Eierflecken.«

Wen sehen Sie vor sich? Eine lebenslustige Frau vielleicht mittleren Alters, die es sich gerne gut gehen lässt und im Übrigen ein bisschen schlampig ist? So wie Frau Bartolotti in Christine Nöstlingers *Konrad oder das Kind aus der Konservenbüchse*?

Lesen macht Dinge möglich, die scheinbar unmöglich sind. Es erschafft Welten in uns, die uns ohne Lektüre völlig verschlossen blieben. Sie denken, ein Film tut das auch? Ja, aber auf andere Weise! Denn der Film zeigt uns eine Welt, wie der Regisseur sie sieht. Das Buch zeigt uns eine Welt, wie nur wir sie sehen. Und damit meinen wir wirklich: nur wir! Was immer Sie vor Ihrem inneren Auge sehen, wenn Sie ein Buch lesen, niemand sonst kann es sehen. Niemand stellt sich das Gelesene genau so vor wie jemand anderer. Es ist eine Art von Magie, die da entsteht: Die Buchstaben, die Sie vor Augen haben, zaubern eine Welt in Ihren Kopf, und zwar eine Welt, die so nur Sie erleben können.

Dabei braucht ein Buch nichts weiter als sich selbst, um diesen unglaublichen, lebensumwälzenden Effekt zu erzielen. Einen Film können Sie nicht ohne Hilfsmittel sehen: Sie benötigen ein Kino oder wenigstens einen Bildschirm, um ihn sichtbar zu machen. Genauso ist es mit Musik: Sie ist entweder – weil sie live ist – vergänglich oder braucht ein Transportmittel wie einen CD-Player oder ein Radio. Das Buch ist dagegen jederzeit einsatzbereit. Sie schlagen es auf und können darin versinken. Und wenn Sie es nehmen, so halten Sie gleichzeitig stets den Anfang und das Ende einer Geschichte in der Hand – und alles, was dazwischen stattfindet. Das Buch ist ein Medium ewiger Gleichzeitigkeit: Alles passiert jederzeit!

Bücher haben oft eine Aura, also eine ganz besondere Ausstrahlung. Am leichtesten finden Sie das heraus, wenn Sie ein Buch, das Sie einmal sehr geliebt haben, vielleicht ja eines Ihrer eigenen Kinderbücher, nach längerer Zeit wieder einmal zur Hand nehmen. Plötzlich ist die Zeit wieder da, in der Sie das Buch gelesen oder vorgelesen bekommen haben. Sie riechen, was Sie damals gerochen haben, hören vielleicht noch die Stimme, die Ihnen einst vorgelesen hat. Sie riechen den Duft Ihrer Mutter, auf deren Schoß Sie dabeisaßen, oder spüren den Geschmack der Plätzchen auf der Zunge, die Sie geknabbert haben. Vielleicht ist es aber auch der Staub vom Dachboden, auf den Sie sich geschlichen haben oder der Schaum der Badewanne, in die Sie es heimlich mitgenommen haben. Bücher speichern unsere Fantasie und unsere Empfindungen. Dadurch werden sie ein Teil unseres Lebens.

Bücher geben uns auch Halt. Sie erklären uns die Welt, sogar dann, wenn sie sich das gar nicht auf die Fahnen geschrieben haben. Millionen Mädchen haben gelernt, sich nicht auf der Nase herumtanzen zu lassen, weil sie Pippi Langstrumpf nachgeeifert haben. Sie wollten – zumindest innerlich – so frei sein wie sie und so stark und unbeugsam, so abenteuerlustig und fantasievoll. Pippi macht sich ihre Welt, wie sie ihr gefällt. Ist das nicht eines jeden Menschen Wunsch? Wenn das Einmaleins nicht so will, wie ich will, dann mache ich mir eben mein eigenes Einmaleins!

Viele Eltern lesen ihren Kindern Bücher von unerschrockenen und widerspenstigen Kindern vor, die überhaupt nicht artig sein wollen und sich an keine Regeln halten. Das ist für die Eltern sicher nicht selten ein zweischneidiges Schwert. Denn ungehörige, eigensinnige Kinder machen die Erziehung nicht leichter und sagen auch dann nein, wenn sie nach Meinung der Eltern unbedingt ja sagen sollten. Aber das ist eben nur die eine Seite der Medaille: Bei Pippi und zahllosen anderen Heldinnen und Helden geht es in Wirklichkeit nicht darum, den Erwachsenen auf der Nase herumzutanzen, sondern darum, vermeintliche Gewissheiten zu hinterfragen, Regeln in Zweifel zu ziehen. Es gibt keine Generation, die nicht mit Regeln aufgewachsen wäre, die sie selbst als Erwachsene für falsch hielten. Wenn man frech war im Unterricht, musste man sich in die Ecke stellen, wenn man dem Vater Widerworte gegeben hat, setzte es ein paar Ohrfeigen … So lange ist das nicht her. Heute sind sich die meisten Eltern einig, dass

Gewalt und Demütigung keine guten Erziehungsmethoden mehr sind. Pippi Langstrumpf und Co. wussten es schon früher und haben es Kindern *und* Eltern vor Augen geführt! Ein gutes Kinderbuch erklärt eben die Welt aus sich heraus. Dadurch hilft es uns, Sicherheiten im Leben zu gewinnen – nicht zuletzt Selbstsicherheit.

Dass wir beim Lesen mehr lernen als beim Filmgucken, hängt auch damit zusammen, dass uns ein Buch über einen längeren Zeitraum begleitet als jeder Song, jeder Film oder jedes Videospiel. Um ein Buch einmal durchzulesen, brauchen die meisten Kinder, selbst wenn sie viel Zeit zum Lesen haben, wenigstens ein paar Tage. In diesen Tagen (oft sind es auch Wochen, manchmal Monate) prägt die Lektüre das Leben mit. In dieser Zeit »leben« wir wie *Der kleine Nick* im Paris der Sechziger Jahre oder wie *Der kleine Prinz* als Bewohner eines fernen Planeten, der für einige Zeit zu Besuch auf der Erde ist. Wir lernen zu denken wie ein französischer Junge, der sich mit einer gewissen Bauernschläue durchs Schulleben schlägt oder wie ein feinsinniger Außerirdischer, der die Menschen mit fremden Augen und großem Herzen sieht. Und all das prägt uns für unser ganzes Leben.

Dem Gehirn eine Chance geben

Unsere Welt ist laut und hektisch. Das ist sie nicht nur für Berufstätige, für Eltern und Vielbeschäftigte, sie ist es auch für Kinder. Auf unsere Kinder stürmen Eindrücke ein, die es in dieser Fülle und Vielfalt in keiner Generation zuvor gegeben hat. Sie sind meist umgeben von Lärm und Stress, von zu großen Klassen. Ihr Tagesablauf ist geprägt von Wettbewerb und Geschwindigkeit. Schnell soll es gehen, unser Leben, damit alles reinpasst, was so dazugehört. Morgens huschhusch frühstücken, dann rasch in die Schule, von Unterrichtsstunde zu Unterrichtsstunde, dann schnell zum Sport, dazwischen ein hastiges Mittagessen, zur Nachhilfe, nach Hause, zwischendurch immer mal wieder auf Instagram gucken, posten, reagieren, liken, checken, was los war, antworten, die Hausaufgaben wegarbeiten, noch einen Snack verputzen, dann an die Konsole und online ein Powergame spielen, in dem es – wieder – um Geschwindigkeit und Reaktionsvermögen geht … So ist ein Tag mal eben vergangen, ohne dass man dazu gekommen ist, Luft zu holen, innezuhalten, zur Besinnung zu kommen.

Welch wundervolle Entschleunigung kann da ein gutes Buch sein, das uns zwischendurch in der Straßenbahn aus der Hektik des Alltags hebt, ein Buch, in das Ihr Kind nach der Schule für eine Stunde eintaucht oder das es vor dem Einschlafen ein wenig runterbringt vom Adrenalinrausch des Alltags. Unser Dasein ist geprägt vom Schnellschnell, und unsere Kinder stecken nicht selten in einer dauerhaften »Um zu«-Falle: Sie besuchen den bilingualen Kindergarten, um später in der globalisierten Welt leichter bestehen zu können, sie büffeln schon in der Grundschule jede freie Minute, um den Übertritt auf eine höhere Schule zu schaffen, und pauken dann gleich weiter, um einen guten Abschluss hinzubekommen. Denn der ist Voraussetzung, um eine gute Ausbildungsstelle oder einen Studienplatz im erhofften Fach zu ergattern. Schließlich ist die Zukunft unsicher geworden, wer weiß schon, ob er noch einen Job kriegt, von dem sich eine Familie ernähren lässt. Also sollte man auch im Studium ranklotzen, um einen guten Abschluss zu schaffen, um eine Familie gründen zu können, um gutes Geld zu verdienen, um ein unbesorgtes Leben führen zu können … Um dies zu erreichen, müssen wir jenes tun. So geht das für viele von uns schon von klein auf! Wir sind Getriebene und Gehetzte – liegt es da nicht nahe, sich die kleinen (und großen) Fluchten zu gönnen, die ein Buch ermöglicht? Mit einem Buch, das ihm gefällt, kann sich Ihr Kind zurückziehen aus dem Alltagsstress, kann sich hinwegträumen, kann das eigene Leben entschleunigen und Abstand gewinnen zu den Zumutungen und Anforderungen der Realität. So wie Sie das auch können und hoffentlich immer wieder tun.

Vom Psychologen Ernst Pöppel stammt der Satz: »Man muss dem Gehirn einfach mal eine Chance geben und es in Ruhe denken lassen. Nur so können neue Gedanken entstehen.« Wir sind überzeugt, die Lektüre von Büchern wäre so eine Chance.

2.
Der beste Mannschaftssport aller Zeiten

Warum Ihr Kind Sie fürs Lesenlernen braucht und wie die Aufgabe allen Spaß macht

Alleine und gemeinsam lesen

Das Buch ist nicht nur ein Medium für intime Momente, in denen man lautlos Zwiesprache hält mit einer Geschichte, die sich im eigenen Kopf entspinnt, es bietet auch vielerlei Möglichkeiten, gemeinsam eine gute Zeit zu erleben. Es ist ein Medium des Miteinanders!

Natürlich beginnt das mit dem Vorlesen. Zusammengekuschelt auf dem Sessel oder Sofa sitzen und in einem Bilderbuch lesen ist ein besonderes Erlebnis der Nähe – für beide! Ihr Kind lernt, dass Sie ihm neue Welten aufzeigen, dass Sie gemeinsam mit ihm etwas entdecken, es spürt Ihre Gegenwart als Zugewandtheit und Stärke zugleich. Denn Sie sind die oder der Vertraute in diesem Spiel, Sie gehen schließlich mit auf die Abenteuerreise. Ihrem Kind kann nichts passieren, denn Sie sind ja da. Gleichzeitig ist alles möglich, weil Sie es möglich machen! Das sind Erfahrungen, von denen Ihre Beziehung noch lange profitieren wird.

»Das, was mir als Kind vorgelesen wurde, ist heute passé. Da waren Märchen. Da war zum Beispiel *Nussknacker und Mäusekönig*. Das mochte ich besonders, weil das Buch so schön illustriert war. *Der Struwwelpeter* bekam ich vorgelesen. Ernst gemeint, ohne Augenzwinkern, fürchte ich. Wilhelm Busch fand ich lustig. Reime wie »Ritzeratze! voller Tücke, in die Brücke eine Lücke« oder »Seht da ist die Witwe Bolte, die das auch nicht gerne wollte« finde ich heute noch genial.

So etwas konnte ich meiner 1968 geborenen Tochter natürlich nicht anbieten. Die Kinderbücher damals waren alle sehr ambitioniert, wollten aufklären, Ungerechtigkeit bekämpfen. Mich haben sie alle nicht sehr überzeugt. Wenn einer eine Geschichte erzählt, nur um eine Botschaft zu verpacken, taugt die Geschichte meist nicht viel. Da war wenig Erzählfreude. Mir ist jedenfalls keins der Bücher, die ich meiner Tochter vorgelesen habe, in Erinnerung geblieben.

Mein Sohn wurde 29 Jahre später geboren. Also ein kompletter Neuanfang, auch was das Vorlesen angeht. Am Anfang habe ich ihm nur abends vorgelesen. Oft so lange, bis ich selbst eingeschlafen war. Als das nicht mehr reichte, durfte er dann noch eine CD hören. Der Hit war *Winnie Puuh*, gelesen von Harry Rowohlt. Später auch *Freddy Findig*, das ich als Hörbuch eingelesen hatte.

Als er älter war, bin ich dann dazu übergegangen, auch morgens vorzulesen. Genau eine halbe Stunde, mehr ließ unsere Morgenroutine nicht zu. Wir haben das sehr genossen, nicht nur, weil wir im Bett zusammengekuschelt waren. Ich war auch stolz auf meine Vorlesekünste. Es gelang mir, mit den Augen etwa eineinhalb Zeilen weiter zu sein als die Stelle, die ich gerade sprach.«

Christoph Biemann

Hörbuch statt Vorlesen?

Da scheiden sich die Geister: Für manche ist es ein Sakrileg, das Vorlesen an eine Maschine zu delegieren. Andere sind froh, dass ein Profi für sie liest, weil sie die eigenen Vorlesekünste skeptisch sehen. Wie gut wir als Vorleser sind, das kann vermutlich sowieso nur das Kind beurteilen.

Sicher ist: Ein Hörbuch ist besser als nichts. Es fördert dieselben Talente der Fantasie Ihres Kindes wie jedes selbstvorgelesene Buch. Nur das Gefühl der innigen Verbundenheit, des Gemeinsam-etwas-Unternehmens fehlt natürlich. Deshalb sind Sie vielleicht am Ende doch immer noch ein bisschen »besser« als das Hörbuch, selbst wenn Sie keine perfekte Aufführung abliefern. Aber wir sind gegen eine »reine Lehre«, es gibt immer gute Gründe, weshalb man es anders machen möchte.

Was Sie auf jeden Fall mal ausprobieren sollten, wenn Sie Hörbücher anbieten, das ist auch hier das gemeinsame Zuhören. Lassen Sie sich einfach zusammen mit Ihrem Kind etwas vorlesen. Ob Sie dabei kuscheln oder puzzeln, das machen Sie von Ihrer Laune abhängig – und natürlich vom Hörbuch.

Im Auto auf dem Weg in den Urlaub oder für sonstige längere Fahrten ist das Hörbuch sowieso die perfekte »Lektüre« und tausendmal besser als jedes Spiel auf dem Tablet. Erstens haben Sie gemeinsam Spaß beim Zuhören, zweitens können Sie sich später auch noch darüber unterhalten.

Die Vorlesezeit muss übrigens keineswegs damit zu Ende sein, dass Ihr Kind selbst zu lesen lernt. Im Gegenteil! Kinder genießen es, auch später noch gemeinsam zu lesen – auch mal umgekehrt. Denn es ist ja auch eine besondere Erfahrung von Nähe, wenn sich Mama oder Papa mal was vorlesen lassen. Probieren Sie das unbedingt aus! Mal lesen Sie, mal liest Ihr Kind. Lautes Vorlesen ist natürlich auch ein Training der Lesekompetenz. Wenn Ihr Kind Ihnen öfter vorliest, wird es leichter auch Texte vor Dritten vorlesen können, also zum Beispiel in der Schule. Es wird leichter lernen, wie man betont, wie man Dialoge spannend vorliest, wie man sein Gegenüber für den eigenen Vortrag interessiert.

Ein wichtiger Nebeneffekt ist, dass Sie mehr über die Welt Ihres Kindes wissen. Beim gemeinsamen Lesen begleiten Sie Ihr Kind durch zahlreiche Abenteuer, erleben dieselben Dinge und können sich anschließend darüber unterhalten. Das sollten Sie auch. Denn es signalisiert Ihrem Kind, dass Sie daran interessiert sind, was es denkt, was ihm gefällt und was es alles – im Kopf – erlebt hat. Auch dies ein wertvoller Baustein für die Eltern-Kind-Beziehung!

Schöner Vorlesen

Lesen Sie auch mal beim Arzt im Wartezimmer vor, wenn Sie gerade niemanden damit stören. Lesen Sie am Krankenbett in der Klinik vor, wenn Ihr Kind eine OP hatte. Lesen Sie leise im Zug vor, während Sie zu den Großeltern fahren.

Vorlesen ist immer gut, auch in den gewöhnlichsten Situationen. Mit ein paar Tricks und ganz einfachen Mitteln wird aus dem Vorlesen ein besonderes Erlebnis.

Sie selbst können als Vorleserin oder Vorleser Ihren Teil dazu beitragen, dass es noch mehr Spaß macht, Ihnen zuzuhören. Im Grunde braucht es dafür nur eine klare Regel: Seien Sie kein Langweiler!

Dass das leicht gesagt, aber als Mama oder Papa absolut nicht leichtgetan ist, wissen alle, die Kinder haben: Eltern gelten für fast alle Kinder in fast jeder Lebensphase als die geborenen Langweiler. Eigentlich kann man sagen: Langeweile, dein Vorname ist Papa/Mama.

Dabei steckt so viel mehr in Ihnen, was Ihre Kinder einfach nicht sehen! Überraschen Sie Ihr Kind und machen Sie es sichtbar. Machen Sie es hörbar und erlebbar. Sorgen Sie für einen Auftritt, der Ihrem Kind signalisiert: Das hier ist anders als sonst. Das ist hier gar nicht meine Mama/mein Papa. Ist es ja auch nicht. Jedenfalls nicht nur. Denn Sie sind in dem Augenblick nicht nur ein Elternteil Ihres Kindes, Sie sind im Besitz einer Geschichte! Sie haben eine Schatztruhe in Form eines Buchs in Ihrer Macht. Und wenn es Ihnen gefällt, dann werden Sie diese Schatztruhe öffnen und Ihrem Kind deren Inhalt präsentieren.

Setzen Sie sich ruhig einen alten Hut auf (falls Sie keinen haben: am besten für ganz wenig Geld einen erwerben, auf dem Flohmarkt oder besser noch in der Karnevalsabteilung im Kaufhaus, da gibt es die lustigsten; aber ein

Kochtopf tut es natürlich auch, falls das gerade irgendwie zum Buch passt) und werden Sie beim Vorlesen zu einem ganz besonderen Menschen. So wie aus Clark Kent plötzlich Superman wird, wird aus Ihnen eine Magierin oder ein Magier, weil Sie Geschichten lebendig werden lassen. Und wenn Ihr Kind vorliest, darf es den Hut natürlich auch tragen. Beziehungsweise den Topf.
Lesen Sie mit verstellter Stimme, machen Sie sich ruhig mal lustig über sich selbst. Vorlesen soll ein Spaß sein, keine bierernste Angelegenheit. Und wenn im Buch gepupst wird, dann veranstalten Sie zwischendurch auch mal einen Pupsgeräusch-Wettbewerb. Treten Krümelmonster auf, dann vergessen Sie die Kekse nicht. Hauchen Sie den Figuren Leben ein und holen Sie die Geschichte in die Realität: Gruselstorys werden im Dunkeln gelesen, Strandgeschichten im Freien oder – noch besser – auf dem Badetuch unter einem als Sonnenschirm aufgespannten Regenschirm mit Limo und natürlich in Badekleidung!

Es sagt sich so leicht: Lesen Sie Ihrem Kind vor. Und lassen Sie sich von Ihrem Kind vorlesen. Aber Tatsache ist, dass Vorlesen nicht jedermanns Sache ist. Auch wer jeden Text bestens versteht und für sich alles mit Leichtigkeit liest, wird sich womöglich schwertun mit dem

Vorlesen. Denn das ist nun einmal eine ganz eigene Kunst.

Erwarten Sie nicht von sich selbst, dass Sie von jetzt auf gleich perfekt vorlesen. Wenn Sie noch nicht so viel Übung haben, üben Sie ruhig erst einmal für sich selbst. Vielleicht haben Sie ja einen Partner, mit dem Sie es ausprobieren können. Sie lesen ihm vor, er liest Ihnen vor, und zwar bevor Sie den Kindern vorlesen. Denn Vorlesen lässt sich sehr gut üben. Je öfter man es tut, umso besser wird man. Man liest nicht nur flüssiger und unbefangener, man findet auch heraus, womit man welche Wirkung erzielt! Wer Vorlesen übt, wird packender vorlesen – und das ist natürlich viel wert, wenn es darum geht, die Kinder für Bücher zu begeistern.

Auch wenn es noch nicht perfekt gelingt, Ihr Kind wird es wahrscheinlich mögen. Über einen Fehler beim Vorlesen kann man sich auch mal gemeinsam amüsieren, zeigt er doch, dass es auf Perfektion nicht ankommt. Dass auch Mama und Papa Fehler machen. Dass Lesen etwas Menschliches ist – und Vorlesen eben auch.

Üben Sie ruhig mal, Dialoge mit verschiedenen Stimmen vorzulesen. Lesen Sie mal leise, mal lauter, das ergibt wunderbar spannende Effekte. Bauen Sie hier und da eine Überraschung ein! Wenn in Ihrem Text eine Klingel vorkommt, verstecken Sie vorher eine Fahrradklingel unter dem Kissen und greifen Sie im passenden

Moment danach. Wenn jemand einen Apfel isst, holen Sie – schwupps! – einen aus Ihrer Tasche und geben ihn Ihrem Kind. Solche kleinen Knallbonbons erzeugen einen ganz eigenen Zauber bei den Zuhörern! Das setzt natürlich voraus, dass Sie den Text schon kennen. Aber im Ernst: Es macht so großen Spaß, Kinderbücher zu lesen, dass Sie es doch ehrlich gesagt sowieso nicht abwarten können, oder?

Schöne Rituale zum gemeinsamen Lesen

Vorlesen macht besonders viel Spaß, wenn man es mit bestimmten Ritualen verbindet, also kleinen, wiederkehrenden Besonderheiten, die es nur zu bestimmten Gelegenheiten gibt.
Das kann zum Beispiel ein besonderes Getränk sein. Ob Sie sich für die sprichwörtliche Tasse Tee entscheiden oder für einen leckeren Saft mit Eiswürfeln, bleibt dabei letztlich gleich.
Finden Sie einen schönen Ort, an dem Sie vorlesen oder – besser noch – sich gegenseitig vorlesen. Der schönste Ort ist der beste. Vielleicht schmücken Sie ihn besonders. Ob das dann die kuschelige Blümchendecke in der Sofaecke ist, die mit Kissen ausgelegte Fensterbank oder der Sessel unter der Treppe, auf dem schon ein paar Lieblingskuscheltiere warten, weil sie auch zuhören wollen …

Im Sommer bietet sich sicher auch mal draußen etwas an: der Balkon vielleicht oder gar eine Astgabel, die Sie beide erklimmen können. Glücklich, wer so etwas wie ein Baumhaus bauen kann, das ist natürlich der Traum aller Kinder. Vielleicht ist es aber auch nur die karierte Pick-nick-Decke, auf die Sie ein paar Knabbereien mitnehmen. Lesen – auch Vorlesen – braucht natürlich nicht jede Menge Extras, um toll zu sein, weil es von ganz alleine toll ist. Aber ein paar Rituale heben seine Bedeutung hervor und geben ihm im täglichen Leben einen ganz besonderen Platz. Es ist wie in der Kirche: Man kann überall beten und geht trotzdem hin oder hat doch ein besonderes Gefühl dabei, wenn man an einem Gottesdienst mit all seinen rituellen Handlungen teilnimmt.
Vielleicht schlagen Sie vor, dass jeden Tag ein anderes Kuscheltier mit zuhören darf. Ihr Kind hat die Aufgabe, es sich auszusuchen. Vielleicht möchte es ja dem betreffenden Tierchen damit etwas besonders Gutes tun. So wie Sie Ihrem kleinen Schmusebärchen oder Ihrer Kuschelmaus etwas besonders Gutes tun.
Ein bisschen aufwändig und daher vielleicht nicht für die tägliche, aber doch für die wöchentliche Vorlesestunde geeignet und sehr wirkungsvoll: Machen Sie sich gemeinsam chic zum Vorlesen! Als würden Sie in die Oper gehen, wo Sie auch Ihr schönstes Kleid rausholen und die

Ohrringe anlegen. Warum nicht? Lesen ist schließlich auch etwas Tolles.
Man kann das Lesen aber auch in den ganz innigen, persönlichen Bereich holen und sich wirklich allabendlich ins Bett kuscheln, die Lampen löschen, nur eine – besonders hübsche – Leselampe anmachen und dann mit dem Bett wie mit einem Schiff durch Zeit und Raum segeln.
Musik zum Vorlesen? Wenn Sie das beide gut finden, warum nicht. Aber oft nimmt sie Konzentration weg. Eher wichtig: Äußere störende Einflüsse reduzieren: Tür zu, Wäschetrockner aus – und vor allem Handy außer Reichweite legen und lautlos schalten!
Rituale funktionieren dann besonders gut, wenn sie möglichst regelmäßig und gleichförmig sind. Sie heben das Geschehen aus dem Alltag heraus und verleihen ihm etwas Allgemeingültiges. Sie helfen den Tag und das Leben insgesamt zu strukturieren. Deshalb empfinden wir sie meist als beruhigend und wohltuend. Und deshalb passen sie auch so gut zum Vorlesen beziehungsweise zum gemeinsam Lesen.

Der kleine Leseclub

Wie wär's, wenn Sie eine Art Leseclub mit Ihrem Kind gründeten: gemeinsame Rituale finden, Zeit miteinander verbringen, Interessen teilen – und sich immer wieder übers Lesen austauschen. Das hält die Literatur im Leben Ihres Kindes lebendig, bereichert Ihrer beider Alltag und macht Sie beide klüger. Denn gemeinsames Lesen ist eine Art geistiger Mannschaftssport, der viele Talente trainiert.

» In einer befreundeten Familie gibt es tatsächlich ganz klar bestimmte ›Lesezeiten‹, in denen Tee und Knabbereien auf den Wohnzimmertisch gestellt werden und dann jede und jeder (Eltern und zwei Kinder; eigentlich drei, aber das kleinste spielt noch nicht richtig mit) sich einen Platz auf dem Sofa suchen und – jeder für sich – lesen.
Bei uns gab's früher regelmäßig die sogenannte ›Ruhezeit‹. Die Idee war, einfach mal eine kleine Auszeit zu definieren, in der nichts ›unternommen‹ wurde und vor allem niemand was von einem wollte (vor allem nicht: lernen, Klavier üben oder Zimmer aufräumen). Der Effekt war meist, dass die Ruhe,

die diese Zeit tatsächlich mit sich gebracht hat, am Ende jeden dazu bewegt hat, sich ein gemütliches Fleckchen zur stillen Lektüre zu suchen.«

Thomas Montasser

Gemeinsames Lesen muss aber nicht auf einen Eltern-Kind-Vorlese-Club beschränkt bleiben! Tatsächlich gibt es viele Gruppen, in denen gemeinsam gelesen und über Lektüre gesprochen wird. Manche kennen das aus sogenannten Lesekreisen oder Literaturzirkeln, wie das früher hieß. Man trifft sich, spricht über Bücher, einer stellt ein Buch vor, dann liest man bis zum nächsten Mal und tauscht sich darüber aus: Wie war die Lektüre? Mochte man sie? Wie hat man das Buch verstanden? Was hat es mit einem gemacht? Würde man es selbst weiterempfehlen? Wie hat man die Welt empfunden, die der Autor entworfen hat? Wie die Hauptfiguren? Was hätte man sich anders gewünscht? Und so weiter … Über Literatur lässt sich bekanntlich ebenso trefflich schwärmen wie streiten.

Solche Lesekreise sind im echten Leben zwar selten geworden, aber es gibt sie noch. Oft sind es Bibliotheken, die dergleichen anbieten, Schulen, Pfarreien oder andere Institutionen. In Zeiten des Internets geht es auch einfacher: Zahlreiche Plattformen haben sich als moderne Lesezirkel begründet. Sie waren vielleicht selbst schon zum Beispiel auf lovelybooks.de oder lektueren.de, auf vorablesen.de oder einer anderen Community, die sich zum gemeinschaftlichen Lesen zusammenfindet.

Derartige Clubs existieren auch für Kinder, und es ist unbedingt empfehlenswert, den Nachwuchs darauf aufmerksam zu machen.

Erstens zeigt der Austausch über Bücher: Es ist nicht nur der Wunsch der Eltern, dass die Kinder lesen, sondern dass es einfach auch ganz viele, ja geradezu unglaublich viele Kinder gibt, die auch lesen und über Bücher diskutieren wollen!

Zweitens baut diese Art von »Bücherclub« eine Brücke in die digitale Welt und verdeutlicht, dass Bücher und Computer keine Widersprüche sind: Man muss sich nicht entweder für das eine oder für das andere entscheiden.

Und *drittens* ist diese Art der Nutzung des Computers absolut wünschenswert, weil sie soziale Kompetenzen und kommunikative Fähigkeiten damit verknüpft, dass man lernt, über Bücher und ihren Inhalt nachzudenken. Öffnen Sie Ihren Kindern deshalb unbedingt auch die digitale Bücherwelt der Lese-Communitys!

Leseclub-Angebote für kleine Leseratten

Leseclubs, an denen jedes Kind teilnehmen kann, gibt es inzwischen in fast allen Städten, auch in vielen kleineren. Sie werden oft von Schulen, Bibliotheken oder Buchhandlungen angeboten. Wenn Sie im Internet nach »Leseclub« und Ihrem Ort suchen, ist es deshalb sehr wahrscheinlich, dass Sie eine oder mehrere Gruppen finden, in denen Ihr Kind mitmachen kann.

Die *Stiftung Lesen* hat ein großes Leseclub-Programm begründet, mit dem sie u. a. Schulen unterstützt, einen Leseclub einzurichten. Wenn es an der Schule Ihrer Tochter oder Ihres Sohnes keinen Leseclub gibt, machen Sie doch mal eine Lehrkraft, die Deutsch unterrichtet, oder auch das Rektorat auf diese schöne Möglichkeit aufmerksam! Mehr Informationen dazu finden Sie unter leseclubs.de.

Auch im Internet werden Leseclubs betrieben, sodass auch Kinder, die nicht warten wollen, bis die Schule einen gegründet hat, oder die nicht die Möglichkeit haben, einen zu besuchen, mitwirken können.

Papa liest mit!

Wer sich umhört und umsieht, stellt leider oft fest, dass Lesen etwas ist, womit sich eher Mädchen beschäftigen. Jungs lesen weniger – viele lesen schon früh gar nicht mehr. Der Schaden liegt natürlich bei den Jungs! Aber wie kommt das? Warum gilt Lesen für viele als »unmännlich«? Weshalb kommen Jungs so selten von alleine darauf, mal ein Buch zur Hand zu nehmen?

Das hat sicher viel mit Vorbildern zu tun. Dass Frauen mehr lesen als Männer, ist bekannt. Männer greifen allenfalls überdurchschnittlich oft zum Sach- oder Fachbuch. Aber gerade Belletristik, also insbesondere Romane, seien es nun hochanspruchsvolle oder schlicht unterhaltende, sind zur Freizeitbeschäftigung für überwiegend Frauen geworden. Der typische Leser von heute ist eine Leserin. Das ehrt die Frauen, bringt aber nicht nur für die Männer den Nachteil mit sich, dass sie sich um wichtige Erkenntnisse, Erlebnisse und Freuden bringen, sondern dass sie für die Jungs als Rollenmodell in Sachen Lesen wegfallen. Wer nie beobachtet, dass Papa liest, der tut es ihm auch nicht gleich.

Auf leseoase.wordpress.com findet sich ein Interview mit einem Vater, der es nicht hinnehmen wollte, dass Jungs und Männer sich heimlich, still und leise aus der Welt der Literatur verabschieden. Christian Meyn-Schwarze hat zusammen mit der Stadtbücherei seiner Heimatstadt Hilden eine Initiative gegründet, die sich »Papa-Zeit« nennt und in der Väter oder auch Opas und Kinder zwischen vier und acht Jahren gemeinsam Bücher lesen – und zwar insbesondere Bücher, in denen es auch um Vater-Kind-Beziehungen geht. Darin steckt natürlich mehr als nur gute Lektüre: Es steckt darin der Wunsch, dass Väter nicht nur für bestimmte Bereiche im Leben der Kinder da sind, sondern dass sie in allen Feldern eine Rolle spielen können.

Man braucht dazu aber nicht die städtische Bücherei. Es genügt, ein Kind und ein Buch zu haben, um das Problem zu beheben: Nehmen Sie sich eine Lektüre, die Ihnen Spaß macht und die mutmaßlich auch Ihrem Kind Vergnügen bereiten könnte, und setzen Sie sich gemeinsam hin. Dass Papa vorliest, sollte zwar eigentlich eine Selbstverständlichkeit und gar nichts Besonderes sein. Aber wenn es sich schon mal so ergeben hat, dass es keine Selbstverständlichkeit ist, dann machen Sie eben etwas Besonderes daraus und zeigen Sie, dass Bücher zu lesen absolut nicht unmännlich, sondern einfach nur schlau ist und dass Sie auch lesen und vorlesen können. Ihr Kind wird es Ihnen danken, die

Vater-Kind-Beziehung profitiert auch – und Sie selbst werden ebenfalls Ihren Spaß daran haben. Achten Sie nur darauf, dass Sie auch die nötige Zeit haben. *Nehmen* Sie sich die Zeit! Wenn Sie gestresst sind, überträgt sich das auf Ihr Kind, und der Effekt ist der gegenteilige, dann werden Sie beide kein wahres Vergnügen daran haben.

Wer für sich selbst feststellen muss, dass er das gemeinsame Lesen als Papa bisher vernachlässigt hat, der kann ja den Spieß auch erst einmal umdrehen. Lassen Sie sich von Ihrem Kind doch mal dessen Lieblingsbücher vorstellen. Fragen Sie, seien Sie interessiert. Falls Ihr Kind schon lesen kann, lassen Sie sich Ihrerseits mal ein wenig aus den Lieblingslektüren Ihres Sohnes oder Ihrer Tochter vorlesen. Auch das wertet das Lesen auf – und es macht Ihr Kind stolz, weil es etwas weiß beziehungsweise kennt, das Sie nicht kennen.

Wenn Ihr Kind nun einmal völlig leseunlustig ist, dann müssen Sie die Schätze im Kinderbuchregal selber entdecken. Warum nicht einfach mal der Reihe nach jedes Buch herausnehmen und sich gegenseitig die Rückseitentexte vorlesen. Es ist äußerst unwahrscheinlich, dass gar nichts dabei ist, was neugierig macht und spannend oder lustig klingt. Wo dieses Regal nicht genügend mit tollen Büchern gefüllt ist, sind Sie natürlich erst recht gefragt. Statten Sie es aus! Besorgen Sie Bücher – aus dem Laden oder der Bibliothek. Überlegen Sie, was Ihrem Kind gefallen könnte, was zu ihm passt – auch zu Alter und Typus. Und wenn es dann richtig prall mit leckerer Lektüre ausgestattet ist, stürzen Sie sich gemeinsam hinein in die Suche nach dem perfekten Buch.

Wenn die Geschwister mitwirken

Toll ist natürlich, wenn man mehrere Kinder hat, die sich am Vorlesen beteiligen können. Die Großen lesen den Kleinen vor, womöglich auch schon die Kleinen gelegentlich den Großen. Keine Frage, Letzteres wird schwieriger durchzusetzen sein. Erstens wegen der naturgemäß noch nicht so gut entwickelten Vorlesekompetenz der Kleinen, zweitens – und bedeutender – wegen der Unlust älterer Kinder, sich Geschichten für jüngere anzuhören, gar noch aus dem Mund von Jüngeren.

Bei Geschwistern ist das naheliegend. Solange keine Gleichaltrigen Zeugen werden, macht es aber auch älteren Kindern oft großen Spaß, Geschichten für Jüngere zu hören.

Experiment: Wie hast du dir die Geschichte vorgestellt?

Wer eine Geschichte liest oder hört, hat immer sein ganz eigenes Bild von ihr im Kopf. Wie viel unsere Fantasie beim Lesen leistet und wie unglaublich kreativ wir beim

Lesen oder Zuhören sind, kann man mit einem schönen Experiment testen:
Lesen Sie gemeinsam ein Buch, vielleicht kein ganz dickes. Drei oder vier Zuhörer (einschließlich dem Vorleser) sind besser, als wenn Sie nur zwei sind, aber es geht natürlich auch zu zweit. Am Ende jedes Kapitels oder – wenn die Kapitel sehr lang sind – nach einigen Seiten legen Sie das Buch beiseite und malen ein Bild, und zwar jeder für sich, ohne dass der oder die anderen es sehen. Wichtig ist, dass Sie sich mit dem Bild Mühe geben: Malen Sie es so detailreich wie möglich.
Das machen Sie das ganze Buch hindurch. Am Ende haben Sie die Geschichte mehrfach illustriert.
Wenn Sie nun die Illustrationen vergleichen, werden Sie feststellen, dass sie sich sehr unterscheiden: Jeder von Ihnen hat im Kopf eine ganz andere Vorstellung von der Geschichte, von den Schauplätzen, den Helden, den Dingen, um die es ging, geformt und aufs Papier gebracht.

Lesen für die ganze »Groß«-Familie

»Als ich ungefähr fünf Jahre alt war, bekam ich von meiner Großmutter ein *Pinocchio*-Buch geschenkt. Ich war verrückt nach diesem Buch, es war mein erstes und einige Zeit lang einziges Kinderbuch. Immer wieder musste mir Oma aus diesem Buch mit den wunderschönen Bildern vorlesen (die Fee mit den blauen Haaren ist bis heute eine der schönsten Frauen, die ich je gesehen habe – von meiner Frau natürlich abgesehen, auch wenn sie keine blauen Haare hat). Und dann kam eines Tages mein – anderer – Großvater zu Besuch. Oma zwinkerte mir zu und drückte mir den Pinocchio in die Hand: ›Magst dem Opa nicht was vorlesen?‹ Husch kletterte ich dem Opa auf den Schoß, schlug das Buch auf und begann dem völlig verblüfften Großvater etwas ›vorzulesen‹. Ich kannte zwar noch kaum einen Buchstaben, weil ich ja noch gar nicht zur Schule ging, dafür aber den Text des ganzen Buchs auswendig.

Ich weiß nicht, ob es mir jemals wieder gelungen ist, jemanden auch nur annähernd so zu verblüffen wie damals meinen Großvater. Was ich aber weiß,

> ist, dass die beiden alten Leute, wenn auch aus ganz unterschiedlichen Gründen, unendlich stolz auf mich waren.«
>
> *Thomas Montasser*

Wenn Ihre Kinder das Glück haben, dass die Großeltern am Leben und zumindest von Zeit zu Zeit verfügbar sind, dann ist es mehr als eine Überlegung wert, auch sie in das »Projekt Lesen« miteinzubeziehen. Viele Großeltern erzählen gerne, die meisten übernehmen außerdem bereitwillig eine aktive Rolle beziehungsweise eine Aufgabe bei der Erziehung der Enkelkinder, zumindest wenn es eine schöne ist. Das kann der monatliche Ausflug in den Zoo, den Wald oder zum Erdbeerpflücken sein. Es kann aber auch die wöchentliche »Lesung« aus einem Buch sein: eine gemeinsame Unternehmung, die zur dauerhaften Einrichtung wird. Beiden – Großeltern und Enkeln – wird sie nicht nur eine Menge Spaß machen, sondern auch zur schönen Erinnerung werden. Fragen Sie doch mal die Eltern oder Schwiegereltern, ob und wie sie mitmachen wollen.

3.
Das eigene Märchenland

Wie Sie die perfekte Lektüre
für Ihr Kind finden

Warum so viele Kinder aussteigen

Es ist leider eine Erfahrung, die viele Eltern irgendwann machen: Mein Kind liest nicht mehr! Da dachte man noch, man hätte eine kleine Leserin, einen kleinen Leser zu Hause, das Bild vom Kind auf dem Bauch mit einem Buch vor der Nase schwebt einem noch deutlich vor Augen, und irgendwann dämmert es einem plötzlich: Das Interesse an der Lektüre ist weg! Die Bücher, die man zu Weihnachten geschenkt hat – ungelesen. Die vom Geburtstag – noch in Folie verschweißt. Der Einmerker – steckt seit Wochen oder Monaten zwischen denselben Seiten. Was ist passiert?

In der Buchbranche gibt es das hässliche Wort vom »Leseaustrittsalter«. Es klingt, als wäre das ein Naturgesetz: So wie man Zähne bekommt, Achselhaare oder Wechseljahre, so tritt man eben irgendwann auch in die Phase des Lebens, in der man liest, ein beziehungsweise aus.

Stimmt aber natürlich nicht. Es ist kein Naturgesetz, auch wenn es bei dem einen oder anderen Kind vielleicht etwas mit anderen Naturgesetzen zu tun hat. Denn je älter wir werden, umso größer ist die Fülle der Dinge, die unser Leben bestimmen: Interessen,

Pflichten, Aufgaben, Möglichkeiten … Viele davon binden Aufmerksamkeit und Zeit. Da kommt etwas, das so leise und diskret ist wie das Lesen, leicht ins Hintertreffen, wird plötzlich vergessen. Kaum ein Kind oder Jugendlicher, der mit einem Mal kein Buch mehr zur Hand nimmt, hat sich bewusst entschieden: Ich lese nicht mehr! Es ist vielmehr eine Art Verblassen. Man denkt nicht mehr dran. Die Abstände zwischen zwei »Lesungen« werden größer, plötzlich versteht man die Geschichte nicht mehr, lässt das Buch links liegen. Greift vielleicht nochmal zu einem anderen. Vielleicht auch nicht. Und dann, irgendwann, hat man ganz aufgehört, sich fürs Lesen zu interessieren. Das kann früher geschehen oder später. Oder gar nicht. Nämlich dann, wenn man sich daran erinnert, wie gut Lesen tut, wie viel Spaß es macht, was es einem bringt.

Viele Kinder, die in diese Phase ihres Lebens gekommen sind, erinnern sich aber nicht von selbst daran, sie müssen daran erinnert werden. Und das ist Ihr Job! Eltern sollten darauf achten, dass ihre Kinder das Lesen nicht vergessen. Auch nicht, wenn diese Kinder endlich das heiß ersehnte Smartphone bekommen haben, wenn sie endlich einen eigenen Social-Media-Account haben, wenn sie Stress in der Schule haben oder zum ersten Mal verliebt sind.

Es wäre naiv zu denken, dass diese Aufgabe bei

Jugendlichen genauso leicht zu bewältigen ist wie bei Kindern. Das ist sie nicht. Denn Jugendliche wollen sich oft abgrenzen. Es kann passieren, dass Sie alles das, was wir empfehlen, wärmstens beherzigen, Ihrem Kind die tollsten Bücher besorgen, als lesendes Vorbild fungieren, über Lektüren sprechen (oder es zumindest versuchen), jedes Hindernis für den Nachwuchs aus dem Weg räumen – und trotzdem nimmt Ihr Sohn oder Ihre Tochter kein Buch zur Hand. Vielleicht sogar gerade dann nicht. Weil ja bekanntlich alles blöd ist, was die Eltern sagen, tun oder erwarten. Aber das wäre ein genereller Grund, den man – wie so vieles, was an Anstrengendem durch die Pubertät auf Familien zukommt – aussitzen kann. Danach ist der Kopf wieder sortiert, die Synapsen sind frisch verdrahtet und wieder funktionsfähig, und das Lesen kann endlich wieder beginnen. Spätestens dann aber dürfen Sie Ihre Chance nicht verschlafen!

Wenn man schon ein Naturgesetz formulieren möchte, dann dieses: Auf das Leseaustrittsalter folgt das Lesewiedereintrittsalter! Wer einmal aufgehört hat zu lesen, der kann jederzeit auch wieder anfangen! Das bedeutet, dass es nie zu spät ist. So wie man jemanden, der nur noch Fast Food isst, durch ein reiches Angebot an Köstlichkeiten überzeugen kann, wieder Frisches und Selbstgekochtes zu essen, kann man auch vermeintlich verlorene Leserinnen und Leser wieder fürs Lesen gewinnen. Alles, was man dazu braucht, sind ein paar köstliche Bücher – und alles andere, was die Lektüre leichter macht.

Handy-Alarm

Bei vielen Kindern kommt das Lesen gerade zu dem Zeitpunkt unter die Räder, zu dem eine meist langersehnte Anschaffung erfolgt: das Handy beziehungsweise das Smartphone. Plötzlich gibt es eben etwas Neues und Faszinierendes, mit dem man unglaubliche Dinge tun kann, etwas, wodurch man (zumindest scheinbar) über Nacht viel erwachsener wird! Keine Frage, ein Handy ist in vielerlei Hinsicht faszinierend. Leider wird mit ihm nicht automatisch die nötige Reife mitgeliefert, weshalb die meisten Kinder, wenn sie eines bekommen, es als Rund-um-die-Uhr-Spielzeug betrachten und oft nur noch daran denken, mit den Freundinnen und Freunden zu kommunizieren oder durch die unendlichen Weiten des Internets zu surfen.

Für Eltern, die Wert darauf legen, dass ihre Kinder nicht von jetzt auf gleich alles Wichtige im Leben vergessen, nur weil plötzlich ein Messengerdienst ununterbrochen um deren Aufmerksamkeit wirbt, ist diese Phase eine besonders sensible. Wenn Sie Ihr Kind davor bewahren möchten, das Interesse an Büchern zu verlieren, seien Sie

jetzt besonders aufmerksam. Schaffen Sie Raum, in dem auch Bücher eine Chance haben. Lassen Sie die Lektüre nicht in das Mahlwerk der digitalen Welt geraten. Bücher haben es in dieser Phase schwer. Sie sind leise, sie erwachen erst zum Leben, wenn man sie aufschlägt. Sie klingeln nicht, sie vibrieren nicht, sie blinken nicht von alleine auf. Wenn Sie vor zwei Hunden stehen und einer kläfft Sie wie verrückt an, werden Sie ihn vermutlich besonders intensiv wahrnehmen. Aber entscheiden werden Sie sich wohl eher für den, der Sie nur freundlich anguckt.
Studien haben gezeigt, dass Menschen, die viel auf Social Media unterwegs sind, unzufriedener sind. Vermutlich liegt es daran, dass man ständig das eigene Leben mit dem Leben anderer vergleicht – und dass es im Vergleich zu den Hochglanzfotos, die alle Welt ins Netz stellt, blass und gewöhnlich wirkt. Jeder versucht, sich großartiger darzustellen, als er ist – und viele erkennen in diesem Spiel mehr oder weniger bewusst, dass eben doch nicht alles Gold ist, was glänzt.
Umgekehrt gibt es Studien, die belegen, dass Menschen, die Bücher lesen, mit ihrem Leben zufriedener sind! Wenn Sie also darauf achten, dass mit dem Einzug des Handys in das Leben Ihres Kindes nicht automatisch der Auszug der Bücher verbunden ist, dann tragen Sie damit auch dazu bei, dass Ihr Kind zufriedener durchs Leben geht.

Wer liest was?

Stellen Sie sich vor, in Ihrem Haushalt gäbe es ein Kindermädchen, das an seinem freien Nachmittag aus dem Haus geht und niemandem verrät, wohin. »Wo warst du?«, werden Ihre Kinder fragen, wenn es endlich zurückkehrt, ganz ähnlich wie in Pamela L. Travers' berühmtem Kinderbuch über das magische Kindermädchen »Mary Poppins«.

> *»›Im Märchenland‹, antwortete Mary Poppins.*
> *›Hast du Aschenbrödel gesehen?‹ …*
> *›Was? Aschenbrödel? Nichts für mich‹, sagte Mary Poppins geringschätzig. ›Ausgerechnet Aschenbrödel!‹*
> *›Oder vielleicht Robinson Crusoe?‹ …*
> *›Robinson Crusoe – puh!‹ Mary Poppins rümpfte die Nase.*
> *›Wie kannst du dann dort gewesen sein? Es war bestimmt nicht unser Märchenland!‹*
> *Mary Poppins schnaufte verächtlich.*
> *›Wisst ihr denn nicht, dass jeder sein eigenes Märchenland hat?‹«*

Und Recht hat sie! Jeder hat sein eigenes Märchenland! Ein Buch, das für das eine Kind mitreißend ist, kann für ein anderes unendlich langweilig sein. Was für einen Menschen beklemmend oder gruselig ist, ist für den anderen hochspannend. Oder gar lustige Bücher! Humor ist, wie wir alle wissen, eine sehr individuelle Angelegenheit. Wenn Sie sich über einen Witz wegwerfen können, heißt das noch lange nicht, dass Ihr Nachbar mehr als eine hochgezogene Augenbraue dafür übrighat. Viele Mädchen finden Heidi wunderbar und den Geißenpeter entzückend, viele Jungs finden *sie* langweilig – und *ihn* blöd. Und doch gibt es auch viele Jungs, die gerne Johanna Spyris Roman über ein kleines Mädchen in den Bergen oder im fernen und fremden Frankfurt lesen. Denn es geht ja nicht unbedingt nur um das Schicksal eines Mädchens, sondern um Themen wie Heimat und Fremde, Familie und Freundschaft. Und die gehen bekanntlich alle Menschen an!

Warum lesen wir welche Bücher gern – und warum andere weniger gern? Darüber müssen wir uns Gedanken machen, wenn wir unseren Kindern Lektüren anbieten wollen, die ihnen gefallen sollen. Über Helden haben wir schon gesprochen: Identifikationsfiguren sind ein ganz wichtiger Faktor, der darüber entscheidet, ob wir mit den Protagonisten mitfiebern oder ihre Erlebnisse und Gedanken uns kaltlassen. Tendenziell werden Mädchen eher Bücher gefallen, in denen Mädchen die Hauptrolle spielen, und Jungs umgekehrt. Für den Einstieg oder Wiedereinstieg ist es deshalb sicher nicht falsch, sich daran ein wenig zu orientieren. Aber machen Sie kein Dogma daraus! Auch Mädchen werden *Harry Potter* lieben und Jungs Alan Bradleys geniale *Flavia de Luce*.

Wenn Sie auf der Suche nach dem perfekten Buch für Ihr Kind sind, versuchen Sie, ehrlich seine Lesekompetenz einzuschätzen. Liest Ihr Sohn oder Ihre Tochter kaum oder gar nicht, dann sollte es sicher für den Start nicht *Der Herr der Ringe* sein. A propos: Das Fantasy-Epos von J. R. R. Tolkien ist mitnichten ein Kinder- oder Jugendbuch, auch wenn es von vielen Jugendlichen verschlungen und verehrt wird. So wie auch die großen Klassiker von Jules Vernes keine Kinderbücher sind: *Der Graf von Monte Christo*, *20 000 Meilen unter dem Meer* oder *In 80 Tagen um die Welt* wurden für eine erwachsene Leserschaft geschrieben! Das gilt auch für praktisch all die anderen vermeintlichen Kinder- beziehungsweise Jugendbuchklassiker aus dem 19. Jahrhundert. Karl May hat Winnetou und Kara-Ben-Nemsi für Erwachsene erfunden, Alexandre Dumas *Die drei Musketiere* ohne den geringsten Gedanken an junge Leser erzählt. *Oliver Twist* oder *David Copperfield*: Romane für Erwachsene. Und so sind sie auch geschrieben, nämlich anspruchsvoll, und zwar sowohl sprachlich als auch von ihrer Konstruktion her. Das heißt nicht, dass Ihre Kinder sie nicht lesen sollten. Im Gegenteil, es wäre sogar höchst wünschenswert. Aber sie sollten dazu erfahrene Leserinnen und Leser werden, um nicht von den Texten überfordert zu sein und die Lust am Weiterlesen zu verlieren. Die Idee »Lies erst mal die Kinderbücher von früher und dann die neueren« ist völlig unsinnig.

Immer wieder gibt es auch Adaptionen der Klassiker, Ausgaben, die den Zugang zu diesen Storys erleichtern sollen. Und das ist auch sinnvoll. Denn wer sich mal einen Charles Dickens vorgenommen hat, wird feststellen, dass auch die beste Übersetzung kein einfaches Buch daraus macht: Dickens ist großartig, aber sicher nicht einfach zu lesen. Viele solche vermeintlichen Jugendbuch-Klassiker gibt es in leichter verdaulichen Nacherzählungen, etliche auch illustriert, manche sogar als Comics.

» Ich selbst habe die ›Illustrierten Klassiker‹ geliebt! Aber auch die Abenteuer von David Crockett. In der Bücherei am Bahnhof stand ein guter Regalmeter an David-Crockett-Büchern. Keine dicken Wälzer, jedes nur etwa eineinhalb Zentimeter dick. Ich habe diese Bücher verschlungen. Die Welt der Waldläufer, Fährtenleser, die Welt der Indianer, die eng mit der Natur verbunden lebten, faszinierte mich. Ob das trivial war, interessierte

mich damals nicht und interessiert mich heute genauso wenig: Ich habe gelesen, und zwar gerne, darauf kam und kommt es an.
Als ich später mit gebrochenem Arm im Krankenhaus lag, brachte man mir Karl May zum Lesen mit. Das fand ich total langweilig.«

Christoph Biemann

Wählen Sie ruhig Lektüren, die etwas mit der Lebenswirklichkeit Ihrer Kinder zu tun haben. Damit ist nicht gemeint, dass Sie Problembücher über arbeitslose Eltern, geflüchtete Familien, Mobbing und andere soziale Probleme aussuchen sollen, nur, weil es das in unserer Gesellschaft leider vielfach gibt. Damit ist gemeint, dass Sie das Selbstverständnis, die Bedürfnisse, die Persönlichkeit und auch die Träume Ihres Kindes im Auge haben sollten. Denken Sie nicht in erster Linie darüber nach, ob Ihr Kind »etwas lernt«, wenn es ein bestimmtes Buch liest, sondern allein daran, ob es die Lektüre mögen wird. Denn wenn das der Fall ist, wird es automatisch etwas lernen, und zwar etwas ganz Wichtiges: Lesen macht Spaß!

Schöne Sprache, schwierige Sprache

Unterschiedliche Bücher fordern uns auf unterschiedliche Weise heraus. Das gilt nicht nur inhaltlich, das gilt auch sprachlich. Nehmen wir mal Erich Kästner und *Das fliegende Klassenzimmer*. Ein Buch für jedes Alter. Für jedes Alter?

»Zweihundert Schemel wurden gerückt. Zweihundert Gymnasiasten standen lärmend auf und drängten zum Portal des Speisesaals (…) ›Teufel, Teufel!‹, sagte der Tertianer Matthias Selbmann zu seinem Tischnachbarn. »Hab ich einen Hunger! Ich brauche dringend zwanzig Pfennige für eine Tüte Kuchenränder. Hast du Moneten?«

Hand aufs Herz: Weiß Ihr Kind, was Moneten sind? Dass man früher Kuchenränder beim Bäcker kaufen konnte? Wie viel ein Pfennig wert war? Was ein Schemel ist? Oder gar ein Tertianer? Falls nicht, ist Ihr Kind in guter Gesellschaft. Und in großer! Denn die wenigsten Kinder werden es wissen. Erfahrene Leser/innen werden es sich in etwa zusammenreimen. Oder auch nicht. Aber wenn man das mit einem ganzen Buch so machen muss, dann braucht man schon Durchhaltevermögen. Für Leseeinsteiger sind unbekannte Begriffe auf jeden Fall eine Hürde.

Sprache, selbst wenn sie einfach ist, kann uns zurückstoßen. Sie kann uns aber auch umarmen:

»Diese Geschichte beginnt in den Mauern eines Schlosses mit der Geburt einer Maus. Einer kleinen Maus. Der letzten Maus, die den Mäuseeltern geboren wurde, und der einzigen, die von dem Wurf am Leben blieb.

›Wo sind meine Babys?‹, fragte die erschöpfte Mutter, als die Tortur beendet war. ›Zeig mir meine Babys.‹

Der Mäusevater hielt die eine kleine Maus hoch. ›Es gibt nur dieses‹, sagte er. ›Die anderen sind tot.‹

›Mon dieu, nur dieses eine Baby?‹ «

Kate DiCamillo hat mit *Despereaux* eine zwar in manchen Aspekten schreckliche, aber eben auch eine schrecklich schöne Geschichte erzählt. Vor allem hat sie sie schrecklich schön erzählt! Man taucht in die Sprache ein und merkt manchmal gar nicht, dass man etwas liest, das man nur intuitiv versteht. Da lässt sich das umsetzen, was Kinderärzte und Pädagogen seit jeher empfehlen: Baden Sie Ihr Kind in Sprache.

Und manchmal ist die Sprache eines Kinderbuchs auch ein wenig mit Vorsicht zu genießen, wie zum Beispiel in Dagmar Chidolues eigentlich ganz süßer Buchreihe über die Heldin Millie, zum Beispiel in *Millie in Paris*:

»In Momatte gibt es chinesische Rabababöllchen und Reis

mit roter Soße. Den Reis kann man heimlich auf die Erde krümeln (...) Den Reis, die Gummibandbundeln und das Fett von den Rabababallchen.
In Momatte gefällt es Millie sehr gut. Momatte ist auch in Paris.«
Man kann darüber streiten, ob das authentische Kindersprache ist oder nicht. Man kann darüber streiten, ob es klug ist, einem Kind ein Buch zum Lesen zu geben, in dem absichtlich alles Mögliche »falsch« geschrieben ist. Man kann sich aber auch einfach gemeinsam darüber amüsieren, dass diese Millie einen so eigensinnigen Kopf hat und die lustigsten Sprachspiele zustande bringt. Wie man es sieht, sollte man aber auf jeden Fall davon abhängig machen, ob das Kind etwas mit der Sprache wird anfangen können.

Welches Buch für welches Kind?

Der Gedanke liegt nahe, dass man einem fußballbegeisterten Jungen *Die wilden Fußballkerle* oder irgendein Buch über junge Fußballer schenkt. Das kann eine gute Idee sein, weil es die Identifikation erleichtert. Ihr Junge ist sozusagen sofort drin in der Geschichte und fühlt sich darin wohl. Er identifiziert sich mit den Helden und lebt seine Träume, indem er von harten Zweikämpfen, Traumtoren, anstrengendem Training bei Dreckswetter und Kameradschaft unter den Mannschaftskollegen liest. Dagegen ist nichts zu sagen. Außer vielleicht, dass der Horizont Ihres Kindes nicht besonders erweitert wird. Klar, besser es liest das als nichts. Aber wenn es schon mal beim Lesen gelandet ist, sollten Sie unbedingt auch immer mal wieder andere Angebote machen. Lesen öffnet eben auch Welten, die man sonst nicht erleben kann, und auch der leidenschaftlichste Pfannkuchenesser wird womöglich irgendwann seinen Heißhunger verlieren, wenn es immerzu nur Pfannkuchen gibt.

Die wilden Fußballkerle könnte beispielsweise auch das richtige Buch für Ihre Tochter sein, um mal in eine andere Rolle schlüpfen zu können. Und Ihr Sohn entdeckt vielleicht umgekehrt *Die kleine Hexe* als Identifikationsfigur. Das klingt nur im ersten Moment merkwürdig. Man blendet eben die Hälfte aller Möglichkeiten aus, wenn man sich nur auf die männliche oder die weibliche Perspektive beschränkt. Wenn es um kleine Leser*innen* geht, wird das noch deutlicher:

Ihre Tochter liebt vielleicht Prinzessinnen und Edelsteine, sie mag alles, was pink ist und würde am liebsten in einem Schloss wohnen. Aber wollen Sie ihr deshalb nur noch Prinzessinnen-Bücher geben? Soll sie im Ernst als Rollenmodell lernen, dass es vor allem darauf ankommt, hübsch zu sein und auf den Prinzen zu warten? Abgesehen davon, dass es eine ziemlich fragwürdige Lebenseinstellung wäre: Ist es nicht auch todlangweilig?

Zum Glück wimmelt es in der Kinder- und Jugendliteratur längst von starken Mädchenfiguren, die nicht in erster Linie hübsch und lieb sind, sondern ihren eigenen Kopf haben, die Abenteuer lieber selbst erleben, statt sie den Prinzen bestehen zu lassen. Und die ihren ganz eigenen Weg finden. Auch da ist manches holzschnittartig, und die erzieherischen Aussagen wirken gelegentlich fragwürdig, aber eine starke Heldin in einem Kinderbuch ist ja nicht die einzige Identifikationsfigur für Ihre Tochter. Sie sind schließlich auch noch da. Und wenn sich jetzt nur Mütter angesprochen fühlen: falsch! Man sollte sich eben nicht nur in Menschen des gleichen

Geschlechts hineinversetzen können, auch Papa kann eine Identifikationsperson für ein Mädchen sein. Oder der große Bruder, der Opa, der Lehrer …

Oft kann man erleben, dass jemand im Buchladen nach einem Lektüretipp für ein Kind fragt – und die erste Rückfrage ist: »Ist es für ein Mädchen oder für einen Jungen?«

Es hätte eine Menge besserer Rückfragen gegeben: »Was für ein Kind ist es denn?« – »Was wünschen Sie sich für das Kind?« – »Soll es etwas Lustiges sein, etwas Spannendes?« – »Ist es eine gute oder eher eine schwache Leserin?« – »Für welches Alters soll's denn sein?« Alles gute Fragen, denn all das sollte man berücksichtigen. Motivation, Lesekompetenz, Alter, das sollte man alles beachten. Wer aber glaubt, ein Junge bräuchte ein »Jungsbuch«, der unterschätzt die Fantasie der Kinder enorm! Kinder können Piraten sein und Hexen, sie können Detektive sein, Drachenreiter, Gespenster oder Monster. Kindern fällt es nicht schwer, sich in die abgelegensten Figuren hineinzuversetzen, denn fast alle Kinder sind von Natur aus mit der nötigen Portion Empathie ausgestattet. Warum sollte sich ein Junge, der sich in eine Maus hineinversetzen kann, nicht auch in eine weibliche Heldin hineinversetzen können? Und umgekehrt: Warum sollte ein Mädchen, das sich in ein Reh oder eine Ente hineinversetzen kann, nicht auch die Rolle eines männlichen Helden einnehmen können.

Unsere Kinder können das. Sie trainieren ihre unglaubliche Empathie durchs Lesen – und sie trainieren sie umso mehr, wenn sie nicht ständig mit Hauptfiguren konfrontiert werden, die ihnen möglichst ähnlich sind.

Was das alles für Sie bedeutet? Zum Beispiel, dass Sie sich bei der Auswahl der Kinderbücher, die Sie Ihrem Kind anbieten, nicht künstlich beschränken sollten. Etwas ganz Unerwartetes kann einen wunderbaren Aha-Effekt haben. Es eröffnet Ihrem Kind ganz neue Perspektiven und macht seine Welt reicher!

So lernen Mädchen, dass es Jungs auch nicht immer leicht haben, oder Jungs, dass Mädchen alles andere als langweilig sind. Und umgekehrt. Ein historischer Stoff kann Ihrem Kind zeigen, wie die Welt früher war (und dass es auch damals schon Probleme gab, mit denen wir heute noch kämpfen). Auch die Elternperspektive kann mal eine ganz interessante sein für Ihr Kind. Jedes Kinderbuch, wenn es ein gutes ist, führt uns umgekehrt immer wieder vor Augen, was in Kindern vorgeht. In *Der kleine Nick* zum Beispiel gibt es eine Geschichte, die anfängt mit den Worten:

> *»Ich bin von zu Hause weggegangen! Ich spielte gerade im Wohnzimmer, und ich war ganz artig, und auf einmal ist Mama reingekommen und hat mit mir geschimpft, bloß, weil ich eine Flasche Tinte über*

den neuen Teppich geschüttet habe. (...) ich bin in mein Zimmer raufgegangen, um alles zusammenzupacken, was ich brauche, wenn ich weggehen will. (...)«

Eine Frage, die sich jedes Kind irgendwann stellt: Soll ich weggehen? Will man mich hier überhaupt noch? Will ich selber überhaupt noch bleiben? Der kleine Nick ist zu der Erkenntnis gelangt:

»Papa und Mama werden schrecklich traurig sein und ich komme erst viel später wieder, wenn sie schon ganz alt sind, so alt wie Oma – und dann bin ich reich und habe ein großes Flugzeug und ein großes Auto und einen eigenen Teppich, wo ich so viel Tinte draufschütten kann wie ich will und dann freuen sie sich, wenn sie mich wieder sehn.«

Es ist eben immer eine Frage der Perspektive. Deshalb lernen wir alle, wenn wir lesen. Egal, ob es Bücher »für Jungs« sind oder Bücher »für Mädchen«. Denn jedes Buch ist *auch* für Mädchen und *auch* für Jungen. Und auch für Eltern.

Einsteigerlektüren und zeitlos gute Kinderbücher

Es ist praktisch unmöglich, aus dem unendlich großen Angebot an Kinder- und Jugendbüchern eine Auswahl zu treffen, die rund wäre. Dafür gibt es zu viel – und zu vieles bleibt leider weitgehend unbekannt. Aber es gibt Beispiele für gelungene Bücher, die man lesen könnte und die einen vielleicht ihrerseits auf wieder andere aufregende Lektüren bringen, an die man sonst gar nicht gedacht hätte.

Bücher fürs Vorlesealter spielen oft in einer Tierwelt, manchmal kommen darin auch Menschen vor.

- Dass das Leben gefährlich ist, dass man aber mit etwas Glück und Mut keine Angst haben muss, lässt sich zum Beispiel wunderbar in Julia Donaldsons und Axel Schefflers *Der Grüffelo* erfahren oder auch in der zauberhaft poetischen Geschichte *Es klopft bei Wanja in der Nacht* von Tilde Michels und Reinhard Michl. Bilderbücher, an denen man auch jenseits des klassischen Bilderbuchalters noch Freude hat.
- Ganz ähnlich wie mit Jill Barklems Geschichten vom *Brombeerhag*, in die man – so romantisch und vielleicht auch ein klein wenig kitschig sie sind – beim gemeinsamen Lesen eintauchen kann wie in eine andere Welt. Was hier oberflächlich betrachtet womög-

lich oberflächlich wirkt, entpuppt sich beim Lesen als ein zwar entzückender, aber dann doch sehr lebenskluger Spiegel des Menschseins.

- So ist das auch in den *Geschichten vom Franz* von Christine Nöstlinger, die amüsant, frech und herzerwärmend sind – aber nie simpel. Oder in Otfried Preußlers *Die dumme Augustine* mit Illustrationen von Herbert Lentz, einem Bilderbuch, das auf witzige Weise eine ganze Menge Rollenklischees hinterfragt.
- Das ist ja eine der wichtigsten Aufgaben für Kinderbücher, dass sie nämlich den Kindern helfen, ihren eigenen Platz auf der Welt zu finden und eine Haltung zu ihrem eigenen Dasein. So wie es *Das kleine Ich bin ich* von Mira Lobe und Susi Weigel tut, um letztlich herauszufinden, wer es wirklich ist – der Titel verrät es schon.
- Eine wunderschöne Sammlung von Geschichten auf der Schwelle vom Bilderbuch zum Textbuch ist *Sandmännchens Geschichtenbuch* von Gina Ruck-Pauquèt mit Bildern von Pepperl Ott. Zeitlos liebenswert und herzerwärmend originell.
- Kirsten Boie hat mit *Der kleine Ritter Trenk* ebenfalls eine reizvolle Welt geschaffen, in der die Fantasie der Kinder auf Reisen geht. Paul Maar mit einer ganzen

Reihe von Meisterwerken, wobei man natürlich das berühmte *Sams* lesen kann, vielleicht aber auch großen Spaß bei der Lektüre von *Onkel Florians fliegender Flohmarkt* findet. Eine Besonderheit bei Paul Maar ist sein unglaublich origineller Umgang mit Sprache. Im ersten Sams-Band *Eine Woche voller Samstage* glänzt er vor skurrilen und manchmal auch anarchischen Wortspielen.

- Etwas, das er gemeinsam hat mit James Krüss, dem großen Helgoländer Dichter, der der Welt *Mein Urgroßvater und ich* geschenkt hat und zahlreiche andere mitreißende Kinderbücher, die man schlichtweg alle empfehlen kann. Seine Spezialität, kurze Erzählungen in einen großen Bogen zu packen, kommt all denen entgegen, die sich mit kürzeren Lesestücken leichter tun – am Ende hat man dann doch ein dickes Buch gelesen und nebenbei einen ganzen Strauß köstlicher Geschichten mitgenommen.

(Wieder-)Einsteigerlektüre für Jugendliche

Viele großartige Schriftsteller/innen haben im Erwachsenen- und im Kinderbuch geglänzt, viele auch im Jugendbuch, das natürlich nochmal ganz andere Anforderungen stellt. Denn junge Menschen, wenn sie keine

Kinder mehr sind, wollen ja im Grunde für erwachsen genommen werden – und haben doch ihre ganz eigenen Interessen, Bedürfnisse und Wahrnehmungen.

- Otfried Preußler zum Beispiel hat neben seinen zauberhaften Kinderbüchern auch einen Meilenstein im Jugendbuch abgeliefert: *Krabat*, eine Geschichte so düster und spannend, dass man gar nicht mehr darüber nachdenkt, ob da ein Kinderbuchautor am Werk war oder nicht.
- Viele Jugendbücher spielen in einer fantastischen Welt, die wir getrost als Parabel auf das Hier und Jetzt lesen dürfen, selbst wenn sie auf die scheinbar verrücktesten Ideen zurückgreifen. *Die Insel der besonderen Kinder* von Ransom Riggs wäre ein solches Werk: im Grunde eine Superheldengeschichte, wenn auch von der literarischen Sorte. Bei genauerer Betrachtung aber doch vor allem eine Möglichkeit, mehr über sich selbst herauszufinden – und dabei jede Menge Abenteuer zu erleben.
- Auch im Jugendbuch geht es oft darum, sich mit den Figuren zu identifizieren, und manchmal ist das gar nicht so leicht. John Boyne erzählt in *Der Junge im gestreiften Pyjama* eine Geschichte, die erst nach einiger Zeit offenbart, wie tief sie geht. Manch gute Erzählung schafft es, dass man reifer daraus hervorgeht, als man

hineingegangen ist. Das ist so eine, auch wenn man über manche Frage durchaus diskutieren kann. Vielleicht gerade deshalb.

- So ähnlich und doch ganz anders ist das mit Wolfgang Herrndorfs *Tschick*. Was als Road Novel erzählt wird, ist im Grunde ein Selbstfindungs-Trip. Wunderbarerweise sehr eigen und sehr zeitgemäß.
- Aber man muss auch im Jugendbuch nicht die große Theorie suchen, um wichtige Erkenntnisse zu gewinnen. Ursula Poznanski erzählt etwa in *Erebos* von einem fesselnden, unheimlichen Computerspiel und schlägt damit nicht nur die Brücke zwischen realer und digitaler Welt, sondern auch zwischen guter Unterhaltung und einer tieferen Wahrheit über die Lebenswirklichkeit vieler Jugendlicher.

Buchreihen

Spricht etwas gegen Buchreihen? Nein, weshalb sollte es? Für Buchreihen gilt das Gleiche wie für Einzeltitel: Sie müssen einfach nur gut sein. Und das sind sie, wenn sie Ihrem Kind Spaß machen. Wenn die Seele Ihres Kindes bei der Lektüre von *Sternenschweif* Flügel bekommt, bei *Fünf Freunde* oder bei *Die wilden Hühner*, dann lassen Sie Ihr Kind diese Bücher lesen! Immer wieder gibt es ja auch

wirklich Serien, in denen sich ein ziemlich geniales Werk ans andere reiht. Bestes Beispiel:
Harry Potter. Für die etwas Jüngeren *Die Schule der magischen Tiere.* Oder auch *Gregs Tagebuch,* über das sich schon ganze Jahrgänge von Kindern schlappgelacht haben.

Achtung vor Wiederholungstaten!

Manchmal kommt mir die Frage schon hundert Seiten vor Ende des Buches in den Sinn, manchmal auch erst, wenn ich es gelesen zuklappe: Welches Buch kann es schaffen, mich wieder so schön in seine Welt eintauchen zu lassen. Mich aufregen oder entspannen wie das letzte?

Die gleiche Frage stellen sich auch Eltern, die mit Freude gesehen haben, wie ihr Kind zum Beispiel *Harry Potter* verschlungen hat. Verlage versuchen das auszunutzen, indem sie auf Titel setzen, in denen von »zaubern« oder »Magie« die Rede ist. Da die Spreu vom Weizen zu trennen, kann schwierig sein. Gut möglich, dass das nächste Buch trotz aller Zaubereiromantik bei Ihrem Kind nicht zündet.

Klar, nicht jedes Essen ist so gut wie mein Lieblingsgericht, nicht jedes Album meiner Lieblingsband ist gleich gelungen … Und auch bei Büchern gibt es bessere und schlechtere. Oder vielleicht auch nur: solche, die mich zu einem bestimmten Zeitpunkt mehr, und solche, die mich weniger fesseln. Höre ich auf zu essen, weil der nächste Teller womöglich eine Enttäuschung sein wird?

Nein. Ich probiere es aus. Und wenn sich herausstellt, dass es mir tatsächlich nicht schmeckt, dann muss ich ja nicht aufessen!

So ist das auch mit Büchern. Wenn sie nicht gefallen, muss man sie nicht zu Ende lesen. Es ist schon richtig, dass auch das Dranbleiben ein Wert an sich ist, dass es ein Erfolgserlebnis ist, ein womöglich dickes Buch ganz gelesen zu haben. Aber wenn dieser Effekt durch tagelangen Frust erkauft ist, sollte man darauf nicht unbedingt bestehen. Lieber setzt man auf eine andere Lektüre, die die Leselust steigert, sodass der Triumph des Alles-gelesen-Habens sich am Ende quasi von ganz allein und nebenher einstellt. Der ist dann nur das Sahnehäubchen auf einem ohnehin schönen Erlebnis.

> »Manchmal denke ich, wenn ein Buch zu Ende ist: *So ein tolles Buch! Das nächste kann nur eine Enttäuschung sein!* Wenn es ein Krimi war, sollte das nächste Buch dann kein Krimi sein.«
>
> *Christoph Biemann*

Und wer gerade in eine Fantasy-Welt eingetaucht war, wird sich in der nächsten Fantasy-Welt möglicherweise fremd fühlen. Sie würden nach einer köstlichen Forelle blau vielleicht auch nicht unbedingt sofort wieder auf Forelle blau setzen und dann wieder und wieder. Denn

Sie wissen, dass die nächste köstliche Forelle erst nach einiger Zeit wieder auf Ihrem Teller liegen wird. Nämlich dann, wenn Sie zwischendurch allerlei andere feine Gerichte gegessen haben. Abwechslungsreichtum bringt Genuss auf unseren Speiseplan. Und in unsere Lesezeit.

Jedes Jahr erscheinen tausende neue Bücher. Da sind bestimmt welche dabei, die bei mir oder meinen Kindern ankommen. Gerade wenn Sie von einem Buch einer bestimmten Art begeistert waren, probieren Sie was anderes aus – und kehren Sie dann gerne wieder zurück. Vielleicht richten Sie für Ihr Kind ja auch einfach mal ein Lese-Menü an: etwas Leichtes vorneweg, dann ein, zwei starke Romane – und ein lustiges Büchlein zum Dessert. Der literarische »Speiseplan« für einen Monat.

Wo und wie entdecken wir Bücher?

» Als ich sieben war, starb mein Vater. Meine Mutter musste arbeiten. Ich wurde das, was man damals ein ›Schlüsselkind‹ nannte: An einem Bindfaden hatte ich den Haus- und Wohnungsschlüssel um den Hals. In der Nordstadt von Hildesheim war das damals, wir schreiben das Jahr 1959, nicht selten. Denn dort wohnten viele Familien ohne Vater.

In der Nähe war der Hauptbahnhof. Wie jeder kleine Junge fand ich Eisenbahn und Züge sehr interessant. Ich entdeckte im Bahnhofsgebäude eine Bibliothek. Eine Zweigstelle der Stadtbücherei mit einem großen Lesesaal, der dafür gedacht war, Schülern, die mit Bahn oder Bussen aus der Umgebung kamen, einen Aufenthaltsort zu bieten. Drinnen war es oft dampfig feucht von all den nassgeregneten Schülern.

Dass ich dort Bücher ausleihen konnte (nicht mehr als drei!), habe ich reichlich genutzt. Oft waren es Kindersachbücher, vor allem über Experimente. Die habe ich begierig gelesen, die Experimente aber nie gemacht. Nicht aus Faulheit, sondern weil ich das, was für die Experimente nötig war, einfach nicht hatte. Außerdem standen ja auch das Ergebnis der Experimente und die Erklärung dazu im Buch. So konnte ich meine Neugierde befriedigen, ohne selbst zu experimentieren. Es war ein wenig wie später beim Krimi-Lesen: Man muss den Mord nicht erleben, auch nicht die lebensgefährliche Verfolgungsjagd, und ist doch im Geschehen. Seit damals liebe ich Bibliotheken. Sie sind ja auch wunderbare Orte, an denen man gar nicht genug Zeit verbringen kann.«

Christoph Biemann

Stellen Sie sich eine Buchhandlung oder eine Bibliothek vor. Regale über Regale, in denen Buch an Buch steht. Es gibt große und kleine, dicke und dünne, Bücher in allen Farben, manche mit goldenen Buchstaben auf dem Rücken, manche mit bunten Bildern auf dem Umschlag, einige wenige haben einen Gold- oder Farbschnitt, etliche haben ein Lesebändchen, manche sogar zwei. Einige sind noch in eine dünne Folie eingeschweißt, andere vielleicht schon gelesen. Aber egal, wie sie aussehen, wie groß oder schwer sie sind, in welcher Sprache sie verfasst oder wie prächtig sie gestaltet sind: Jedes einzelne öffnet den Blick in eine andere Welt, und wenn wir es lesen, lässt es uns sogar eintreten in diese Welt. Wir können also mit Fug und Recht behaupten: Jeder Buchrücken ist eine Tür zu einem anderen Ort. Kein Raum in irgendeinem Haus hat so viele Türen wie eine Bibliothek oder ein Buchladen. Und auch wenn jedes Buch auf dem Rücken beschriftet ist, so bleibt doch der Ort, zu dem es führt, geheimnisvoll, bis wir ihn erkundet haben!

Das macht die Faszination von Bibliotheken und Buchläden aus. Sie ist durch nichts zu ersetzen. Denn auch, wenn etwa ein Online-Händler Millionen Bücher im Angebot hat, das Entdecken fällt dort schwer. Man findet leicht das Erwartbare (weil ja die Algorithmen uns all das vorschlagen, was vermeintlich unseren Interessen oder Vorlieben entspricht). Aber man entdeckt wenig Neues. Und selbst, wenn wir gezielt danach suchen – eigentlich ein Widerspruch in sich – ist das Fenster, das sich uns beim Online-Buchhändler öffnet, doch immer nur gerade so groß wie der Bildschirm, auf den wir blicken. In einem echten Buchladen oder in einer Bibliothek ist das anders. Dort stehen die Bücher gleichberechtigt in den Regalen. Sie finden ihren Platz neben den anderen, und jedes Buch lädt für sich ein, es zur Hand zu nehmen und zu erkunden. Keine Tür ist verschlossen, keine ist versteckt.

Das macht Bibliotheken und Buchhandlungen so

geheimnisvoll und so reizvoll. Sie sind Kabinette der Überraschungen! Immer wieder. Denn auch wenn wir lesen und lesen und lesen, so werden wir doch nie an ein Ende der Lektüremöglichkeiten kommen. Die Welt der Bücher ist unerschöpflich.

Zugleich hat das Bücherregal auch die Eigenart, einen Teil unseres eigenen Lebens zu bewahren. Wir können nach Jahren ein einst gelesenes Buch herausnehmen und aufschlagen – schon sind wir wieder in der Gefühls- und Gedankenwelt von damals! Mit Kinderbüchern funktioniert das besonders gut. Sie sollten es unbedingt einmal ausprobieren. Aber seien Sie nicht enttäuscht, wenn Ihre Begeisterung für die einstigen Lieblingslektüren vom Nachwuchs nicht geteilt wird: Die Lesegewohnheiten ändern sich! Bücher, die zeitlos erschienen, wirken plötzlich überholt. Das kann manchmal befremdlich wirken, etwa, wenn wir feststellen, dass manches von Erich Kästner einen altherrenhaften Humor oder eine seltsam chauvinistische Note enthält. Manchmal befällt einen eine eigentümliche Melancholie, etwa, wenn man sich bewusstmacht, wie kindlich sich Heldinnen und Helden bei Astrid Lindgren verhalten, die nach heutigen Maßstäben fast schon Jugendliche sind, etwa in *Kalle Blomqvist, Meisterdetektiv*. Bücherregale erzählen auch davon, was ihre Besitzer früher gelesen, wie sie Bücher erlebt haben, in welcher Geisteswelt sie zu Hause waren. Das ist spannend und oft überraschend, nur eben nicht einfach übertragbar auf heutige Leserinnen und Leser.

Nehmen Sie Ihr Kind ruhig mit auf die Entdeckungsreise in die Welt Ihrer eigenen Kinderbücher! Denn auch die Entscheidung, ein Buch nicht lesen zu wollen, ist eine, die gelernt und getroffen werden will. Nur wenn Ihr Kind Bücher liest, die es wirklich ansprechen, wird es sie gerne lesen. Bieten Sie Ihren geliebten Karl May ruhig an, aber nehmen Sie's gelassen, falls er am Ende links liegenbleibt. Was Ihr Kind auf jeden Fall mitnimmt, ist Ihre Liebe zu dem Ort, an dem Sie Ihre eigenen Lektüren finden. Und es lernt, sich auf Überraschungen zu freuen und die Vielfalt zu erkennen, die uns die Welt der Literatur schenkt.

Deshalb nehmen Sie Ihrem Kind die Scheu vor Buchläden und Bibliotheken. Nehmen Sie es vielmehr mit dorthin. Stöbern Sie gemeinsam und öffnen Sie gemeinsam Türen in andere Welten.

Erfolgserlebnisse: Das richtige Buch zur richtigen Zeit

Allein in Deutschland erscheinen jedes Jahr etwa 70 000 neue Bücher. Eine Menge, die kein Mensch jemals lesen könnte, auch nicht, wenn er hundert Leben hätte! Man könnte vor dieser Menge kapitulieren und sagen: Ich schaffe das sowieso nicht alles, weshalb soll ich überhaupt anfangen? Mit dem Argument könnte man aber auch aufhören, neue Kochrezepte auszuprobieren, Musik zu hören oder Reisen zu unternehmen. Denn man wird niemals alles probiert, gehört oder gesehen haben.

Was probieren Sie, wenn Sie nach Kochrezepten suchen oder eine Speisekarte lesen, wo hören Sie rein, wenn Sie vor einem Musikangebot stehen, für welches Urlaubsziel entscheiden Sie sich? Es wird etwas sein, was verlockend für Sie klingt, etwas, wovon Sie sich Genuss erhoffen, vielleicht auch einfach eine neue Erfahrung. Eine Erweiterung Ihres Horizonts. Die Schließung einer Bildungslücke, die Sie stört. Oder auch nur der Wunsch, über ein bestimmtes Thema, sei es Sashimi, sei es Grunge, seien es die Malediven, mitreden zu können. Es gibt viele Motive, die für Ihre Entscheidung verantwortlich sind. Idealerweise ist es aber nie Zwang.

Mitunter ist unsere Entscheidung nicht frei: Wer zum Abendessen eingeladen ist, ist in seiner Freiheit, bestimmte Speisen zu wählen, beschränkt. Wer im Konzert sitzt oder einen bestimmten Radiosender eingeschaltet hat, wird womöglich nicht die Lieder hören, die er sich erhofft hat. Wer eine bestimmte Schullektüre lesen soll, kann sich nicht für eine andere entscheiden. Entsprechend wertvoll ist es, wenn man sich selbst in die Lage versetzt, auch für unfreie »Entscheidungen« gute Motive zu finden.

Du sollst in der Schule Lessings *Nathan der Weise* lesen? Wolltest du nicht immer mal herausfinden, ob du einen solchen Klassiker verstehen kannst? Ist es nicht unglaublich, dass dieses Drama nach fast dreihundert Jahren immer noch so wichtig ist? Stell dir vor, du würdest das Stück auf die Bühne bringen, wie würdest du das machen? – Es gibt so viele spannende Fragen zu praktisch jedem Buch, dass es eigentlich nicht schwer ist, auch die eine oder andere zu einer Pflichtlektüre zu finden. Vorausgesetzt, man hat gelernt, sich für Bücher zu interessieren. Das aber ist etwas, was idealerweise weit vor Nathan anfängt, nämlich mit den richtigen Kinderbüchern. Und hier wiederum geht es zunächst um die ideale »Einstiegsdroge«. Denn wer erst einmal vom Lesevirus infiziert ist, der entwickelt oft einen Lesehunger, der stets aufs Neue gestillt werden will. Welche sind dafür die richtigen Kinderbücher?

Die richtigen sind die, die den Fähigkeiten Ihres Kindes entsprechen und die Ihr Kind interessieren. Je besser Sie Ihr Kind kennen, umso leichter werden Sie ihm auf der Suche nach der perfekten Lektüre helfen können. Lustig, spannend, abenteuerlich? Dick oder dünn? Eher einfach geschrieben oder eher anspruchsvoll? Sicher ist es so, dass manchmal auf dem Buchmarkt Phänomene existieren wie zum Beispiel *Harry Potter*, dessen Erlebnisse von Abermillionen Kindern verschlungen werden. Das kann ein Motiv sein, die Bücher auch lesen zu wollen. Muss es aber nicht. Denn vielleicht sind die Geschichten um den Zauberlehrling und seinen teuflischen Widersacher für Ihr Kind zu hart, vielleicht sind sie zu schwierig formuliert, vielleicht auch übt die Welt von Hogwarts auf Ihr Kind nicht den gleichen magischen Reiz aus wie auf andere Kinder. Alles möglich. J.K. Rowling hat es geschafft, mit Harry Potter eine Figur in den Mittelpunkt ihrer Romane zu stellen, die ein ganz hohes Identifikationspotenzial für ganz viele Kinder hat, aber sicher nicht für alle. Sie hat eine aufregende, in sich stimmige Welt voller Abenteuer erschaffen, in die sich viele Kinder am liebsten augenblicklich hineinzaubern würden (was sie durch die Lektüre ja auch tun). Nur vielleicht nicht Ihres.

Was für eine Art Heldin oder Held macht es Ihrem Kind leicht, sich mit ihr oder ihm zu identifizieren? Welche Art von Welt könnte es reizen? Für welches Alter sollte die Lektüre sein? Früher stand auf fast allen Kinderbüchern eine Altersangabe, etwa »8-10 Jahre«. Man ist davon abgekommen. Solche Orientierungen gibt es oft nur noch für den Buchhandel. Das hängt damit zusammen, dass Kinder dazu neigen, sich »nach oben zu orientieren«, also zu Büchern zu greifen, die eher für etwas Ältere sind. Auch Eltern machen das gerne, weil sie fürchten, der Nachwuchs käme sonst intellektuell nicht vom Fleck, oder weil sie ganz einfach so großes Zutrauen in die Fähigkeiten und die Reife ihrer Kinder haben.

Wir möchten gerne vorschlagen, diese Schere im Kopf auszublenden. Es hat noch keinem Kind geschadet, auch mal etwas zu lesen, was vermeintlich für Jüngere geschrieben wurde. Im Gegenteil: Man muss Kinder nicht mit aller Macht in die härtere Welt der Älteren schubsen. Ein gutes Kinderbuch ist ein gutes Buch für jedes Alter. Wenn Sie also im Buchladen sind, fragen Sie nicht zuerst an der Ladentheke nach einer Empfehlung für »ein gutes Buch für Zehnjährige«, sondern stöbern Sie erst einmal selbst. Ihr Bauch wird Ihnen den

Weg in die richtige Abteilung, ans richtige Regal weisen. Nehmen Sie Bücher zur Hand, lesen Sie rein, stellen Sie sich Ihr Kind mit dem Buch in der Hand vor und lauschen Sie in sich hinein, ob das Bild, das Sie dabei erzeugen, sich stimmig anfühlt. Wird Ihr Kind die Heldin mögen? Wird es den Schauplatz reizvoll finden? Wird es mit der Sprache zurechtkommen? Und dann, wenn Sie vielleicht selbst schon das eine oder andere Werk auf Ihre innere Auswahlliste genommen haben, fragen Sie die Buchhändlerin oder den Buchhändler. Sie beziehungsweise er kennt natürlich Ihr Kind nicht, das müssen Sie dabei berücksichtigen. Vielleicht kommt sie oder er zu ganz anderen Vorschlägen. Dann könnte es sich lohnen, es mit beidem zu probieren: Ihrem Favoriten und dem des Buchhändlers! Und beim nächsten Besuch im Laden berichten Sie! Denn natürlich ist auch die beste Buchhändlerin oder der beste Buchhändler auf Rückmeldung angewiesen – gerade die engagierten, leidenschaftlichen sind daran sehr interessiert!

Wichtig ist, dass Sie die Lektüre für Ihr Kind nicht »von oben herab« auswählen. Wenn Sie denken, dieses oder jenes Buch »muss« Ihr Kind lesen, dann könnte das schon ein Indiz dafür sein, dass es nicht das richtige Buch ist. Denn um Lesefreude zu fördern, sollte es sich unbedingt um ein Buch handeln, das Ihr Kind mutmaßlich lesen »will«. Seien Sie an der Stelle auch ehrlich zu sich selbst. Auch wenn Sie sich wünschen, dass der Sohn oder die Tochter *Das Schicksal ist ein mieser Verräter* oder *Als Hitler das rosa Kaninchen stahl* liest, womöglich wäre ein Comic für den Anfang besser. Es kann dann ja vielleicht auch ein Comic in Buchform sein. Ob das *Gregs Tagebuch* oder *Mein Lotta-Leben* ist, kleine Romane mit vielen Zeichnungen also, oder ob es eine Graphic Novel aus dem Superhelden-Universum ist, sollte zumindest am Anfang nicht das Thema sein. Allein der Umstand, dass Ihr Kind ein Buch zur Hand nimmt und darin liest, ist für jemanden, der bisher noch keinen Zugang zu Büchern gefunden oder ihn wieder verloren hat, ein wichtiger Schritt. Denn er hat etwas mit dem Selbstverständnis zu tun: Ein Buch kann mir Spaß machen! Außerdem lassen bei dünnen und/oder illustrierten Büchern die Erfolgserlebnisse nicht so lange auf sich warten: Schwupps, schon ist wieder ein Buch gelesen! Auch das motiviert, bald zum nächsten zu greifen. Ist das Eis erst einmal gebrochen, ist der nächste Schritt – hin zum nichtillustrierten Buch – ein viel kleinerer. Denn an der Grundgleichung »Kind + Buch = Spaß« ändert sich in dem Fall nichts. So wird auf Etappen mit etwas Glück und ohne Vorurteile gegenüber irgendeiner Gattung von Literatur aus einem Nichtleser hoffentlich schon bald ein leidenschaftlicher Leser, der auch vor schwierigeren Texten nicht zurückschreckt. Und dann wäre zum Beispiel John Greens *Das Schick-*

sal ist ein mieser Verräter oder Judith Kerrs *Als Hitler das rosa Kaninchen stahl* eine ausgezeichnete Idee für das, was man anspruchsvolle Lektüre nennt. Vielleicht auch Raquel J. Palacios lebenskluger und mitreißender Roman *Wunder*.

»Zum Glück wird viel über Bücher geschrieben, es gibt Radio- und Fernsehsendungen. In Zeitungen sind viele Buchrezensionen zu finden. Ich denke, all das sollte dazu dienen, Leser für gute Bücher zu gewinnen. Wenn ich ein Buch rezensiere, was ich manchmal tue, dann nur, weil ich es toll finde und unbedingt möchte, dass viele es lesen. Negative Rezensionen bräuchten eigentlich, zumindest was Kinder- und Jugendliteratur angeht, erst gar nicht geschrieben zu werden.«

Christoph Biemann

Besprechungen von Kinderbüchern

Ein sehr guter Weg, ein neues Buch zu finden, ist es, einfach mal eine Buchhändlerin / einen Buchhändler zu fragen. Oder in der Bibliothek die Person anzusprechen, die für die Kinderabteilung zuständig ist. Wenn aber gerade keine Buchhandlung und Bibliothek zur Hand ist, dann gibt es ja noch die Medien:

Rezensionen von Kinder- und Jugendbüchern gibt es zum Beispiel auf diesen Internetseiten:

buecherkinder.de

julim.de

eselsohr-leseabenteuer.de

faz.net/aktuell/feuilleton/buecher/rezensionen/kinderbuch

kinderbuch-couch.de

derstandard.at/r6087/Kinderbuecher

Viel Interessantes aus der Welt der Kinderliteratur bieten auch diverse Zeitschriften für Kinder und Eltern, zum Beispiel das Magazin *Eselsohr* oder der *Gecko.*

Die Krux mit den Klassikern

Der Unterschied zwischen Klassikern der allgemeinen Literatur und Kinderbuchklassikern ist sicherlich, dass man unter Kinderbuchklassikern Werke versteht, die nicht notwendig viele Jahrzehnte oder gar Jahrhunderte alt sind. Kinderbuchklassiker aus dem 19. Jahrhundert gibt es fast gar nicht. Die Kinderbücher, die man damals geschrieben hat, sind für uns heute kaum noch interessant. Sie waren meist mit einem ausgeprägten pädagogischen Zeigefinger versehen und atmen einen Geist, der aus heutiger Sicht in vielem eher problematisch ist. Das gilt selbst für die großen »Überlebenden« der damaligen Kinderbuchliteratur, also etwa *Der Struwwelpeter* oder *Max und Moritz*, wo es den »bösen« Kindern schlecht ergeht. Niemand fragt in diesen Büchern, warum die Kinder so sind, wie sie sind. Niemand interessiert sich, warum Max und Moritz so geworden sind, unter welchen Umständen sie leben, was man ihnen vielleicht selbst angetan hat. Sie sind, wie sie sind: ungezogen und ungehörig. Und dafür landen sie am Ende im Schredder und werden Vogelfutter. *Der Struwwelpeter* verliert seine Daumen, weil er die Erziehungsmethoden der Erwachsenen in Frage stellt. So geht es zu in diesen

Büchern – Gott sei Dank haben wir solcherlei Pädagogik überwunden.

Man muss auch »Klassiker« nicht gut finden, nur weil sie eben zu Berühmtheit gelangt und nicht in Vergessenheit geraten sind. Auch jüngere Kinderbuchklassiker kann und muss man immer wieder in Frage stellen! Ob das Geschlechterbild des eigentlich wunderbaren Erich Kästner wirklich noch das richtige ist für unsere Kinder? Ob man Schwarze »Neger« nennen darf, wie Otfried Preußler das tut, der zweifellos kein Rassist war? Ob der Anarchismus von *Pippi Langstrumpf* heute noch zeitgemäß ist?

Es gibt viele Fragen, die sich stellen, wenn wir Kinderbuchklassiker lesen, seien es nun wirklich alte oder solche, die zum ewigen Kanon der Kinderliteratur zählen. Wir sollten diese Fragen stellen oder jedenfalls nach Antworten suchen, denn es sind auch Fragen, die sich an uns richten. In einem klugen Beitrag in der Süddeutschen Zeitung warf Vera Schroeder die Frage auf, ob Preußlers Bilderbuch *Die dumme Augustine* wirklich ein so emanzipatorisches Werk ist. In der Geschichte leidet die Ehefrau des Clowns, die tagtäglich nur wäscht und putzt und die Kinder hütet, an ihrem langweiligen Leben, bis sie plötzlich groß rauskommt, als sie mal ersatzweise für ihren erkrankten Mann auf der Bühne einspringt. Und der Mann bewundert sie und erklärt: »Von jetzt an wollen wir unsere Arbeit gemeinsam tun. Ich helfe dir in der Küche und bei den Kindern – und du trittst mit mir zusammen im Zirkus auf. Denn fürs Kochen und Schrubben und Wäschewaschen allein bist du viel zu schade.«

Es kommt ein wenig darauf an, wie man diese Aussage liest: Man kann wie Vera Schroeder darauf abheben, dass die dumme Augustine nun zwei Jobs am Hals hat. Denn er hilft ja nur, während sie die Clowns-Arbeit mit ihm »gemeinsam tut«. Man könnte aber auch sagen: Er spricht ja von »unserer Arbeit« und meint damit beides – Hausarbeit und Zirkusarbeit.

Die Absicht Preußlers war zweifellos, den Männern (und das heißt zunächst einmal: den kleinen Jungs) vor Augen zu führen, dass Frauen keine Hilfskräfte der Männer für die simplen Aufgaben sind, sondern alles das können, was Männer auch können. Auch die Mädchen sollten erkennen, dass ihr Lebensentwurf nicht das Dienstmädchen der Familie sein muss. Eine Botschaft, die 1972 galt, als das Buch erstmals erschien, und die auch heute noch gilt, weil sie zeitlos ist. Dass der Text, so, wie er formuliert ist, zum Diskutieren einlädt, ist letztlich ein Gewinn für alle, die sich zu dieser Diskussion einladen lassen.

Und so kann und sollte man es vielleicht mit allen Kinderbuchklassikern machen, den alten und den neueren: Man sollte sie sehr aufmerksam lesen. Man hat die

Freiheit, aus einem »Neger« einen Schwarzen zu machen, weil das in unserer Zeit der politisch korrekte Ausdruck ist, der niemanden diskriminiert. Man kann Inhalte in Frage stellen und sie mit den Kindern diskutieren. Aber das gilt ja für alle Literatur, egal ob alt oder neu, für Kinder oder für Erwachsene. Bücher fordern uns auf, unseren Kopf und unser Herz einzusetzen.

Wir lesen jedes Buch mit dem Wissen unserer Zeit. Manches, was früher ganz unschuldig war, ist heute überschattet von den Dingen, die in der Zwischenzeit geschehen sind oder von denen wir inzwischen erfahren haben. Mit etwas Glück müssen wir aber den »Klassikern« nicht ihre Unschuld rauben, weil sie diese Unschuld mit unseren Kindern gemeinsam haben. Und dort, wo ein Erklären wertvoll ist, Stichwort: »Neger«, bringt der Text auf seine Weise auch eine wertvolle Möglichkeit mit sich, unseren Kindern die Welt noch etwas besser zu erklären.

»Klassiker« für jeden Geschmack

Die Sprache manches Kinderbuchklassikers wirkt heute angestaubt und fremd. Der großartige Mark Twain hat es geschafft, schon vor hundert Jahren so zu formulieren, dass seine Geschichten auch heute noch fesselnd wirken.

Die Abenteuer des Tom Sawyer etwa sind ein frühes Beispiel für einen Roman, in dem Kinder so ernst genommen werden wie Erwachsene. Tom ist ein echter Held. Er hat seinen eigenen Kopf, und dieser Kopf ist ein witziger, frecher, widerspenstiger. Er hat aber eben auch ein großes Herz und eine natürliche Lebensklugheit, für die ihn Generationen von Kindern zu Recht geliebt haben.
So ähnlich ist das auch mit *Madita* von Astrid Lindgren, die – auch wenn sie noch keine sieben Jahre zählt! – schon einen ziemlich eigensinnigen Kopf voller witziger Ideen hat.
Da ist sie einem anderen Helden aus dem großen Kosmos der schwedischen Autorin nicht unähnlich: *Michel aus Lönneberga*. Wie glücklich eine materiell eher ärmliche Kindheit sein kann und wie wertvoll ein starker Wille ist, zeigt der Michel, den alle für einen ganz und gar missratenen Jungen halten – und der am Ende doch Gemeinderatsvorsitzender werden wird. Was für ein wichtiges Signal für alle Kinder, die sich etwas schwerer tun mit dem »Bravsein«!
Wahre Freundschaft und Abenteuerlust sind die Säulen, auf denen Michael Ende sein vielleicht schönstes Kinderbuch *Jim Knopf und Lukas der Lokomotivführer* erbaut hat. Fantasievoll, fröhlich und spannend zugleich. Ein Spaß für die ganze Familie.

Mit seinen oft anarchischen Ideen ist Roald Dahl zu einem der Großen der Kinderliteratur geworden. In *Sophiechen und der Riese* lässt Dahl seine Heldin in ein durchaus nicht nur idyllisches Riesenland reisen. Doch selbst wenn es dort menschenfressende Riesen gibt, nimmt alles eine gute Wendung. Wie es eben sein muss in einem Kinderbuch.

Für die zarteren Gemüter und für die kleineren Kinder zauberhafte Welten entwirft mit zartem Strich und liebevoller Beschreibung Jill Barklem in ihrem mehrteiligen Werk *Ein Jahr im Brombeerhag* – Mäuse erleben harmlose und liebenswerte Abenteuer. Man lässt sich beim Lesen einfach mittragen von den zauberhaften Bildern und der liebevollen Erzählweise.

Die Romane vom Brombeerhag sind damit enge Verwandte von Kenneth Grahames *Der Wind in den Weiden*, in dem es auch um eine Gesellschaft von Tieren geht, die uns Menschen sehr, sehr ähnlich gezeichnet sind und sich deshalb wunderbar zur Identifikation eignen.

Es ist kein Fehler, sich auch nach neueren Bearbeitungen klassischer Geschichten umzusehen. Berühmte Märchen sind zum Beispiel vielfach nachgedichtet worden. So hat etwa Erich Kästner nicht nur (aber auch) *Der gestiefelte Kater* trefflich entstaubt und ins Heute übersetzt, selbst wenn seine eigenen Geschichten mitunter aus der Zeit

gefallen sind. Usch Luhn hat Selma Lagerlöfs *Nils Holgersson* sehr schön nacherzählt.
Das Feld der Kinderbuchklassiker – ob nun ältere oder jüngere – ist so riesig, dass man keine Auswahl treffen kann. Aber vielleicht öffnen Ihnen die Tipps auf diesen Seiten ja die Tür zu der perfekten Lektüre für Ihr Kind. Es kann dann ja jedes erdenkliche andere Buch sein, das Ihnen durch diese Köder ins Netz gegangen ist.

Lesen lohnt sich

Noch so eine Binsenweisheit. Als bräuchte man Ihnen das zu sagen! Aber: Weiß es auch Ihr Kind? Ist das die Erfahrung, die es mit Lektüre verbindet? Vielleicht ja nicht. Dabei ist es so einfach, Lesen mit Belohnung zu verbinden. Man muss ja nicht Schokoladenprämien für jedes gelesene Kapitel ausloben oder für jedes gelesene Buch eine Spielzeuggratifikation verleihen. Aber die sprichwörtliche Kerbe im Colt für bestimmte Leseerfolge ist schon eine gute Idee, um zu veranschaulichen, wie weit man gekommen ist, und um Anerkennung für das Geleistete zu zeigen. Sie könnten zum Beispiel eine kleine Karte entwerfen, auf die Sternchen geklebt werden: Für jedes Kapitel ein Sternchen, für jedes Dutzend Sterne eine Belohnung, zum Beispiel in Form einer gemeinsamen Unternehmung, die Ihr Kind besonders mag.

Wenn Sie jetzt denken: Das ist doch Bestechung. Soll ich meinem Kind wirklich das Lesen schmackhaft machen, indem ich ihm ganz andere Dinge als Belohnung verspreche? Dann haben Sie Recht und Unrecht zugleich. Im Sport zum Beispiel ist es ganz normal, dass man Belohnung und Anerkennung bekommt, wenn man eine bestimmte Leistung erbringt. Das geht bis in die höchsten Ligen. Selbst für Weltklassefußballer ist es ein unvergessliches Erlebnis, den Pokal in die Höhe zu recken, wenn ein Turnier gewonnen wurde – und die Siegprämien nehmen die Millionäre vom Bolzrasen auch gerne mit, selbst wenn sie sie gar nicht mehr brauchen. Menschen sind nun einmal so, dass sie sich über Anerkennung freuen, warum sollte das bei Ihrem Kind anders sein, und warum sollte es nicht auch eine Anerkennung für Leseleistungen geben?

Viele Kinder belohnen sich da selbst mit Regalen, die sich vor Büchern biegen. In der Zeit des größten Harry-Potter-Booms war es eine Frage von Prestige, wie schnell man die dicken Bände über den Zauberlehrling gelesen und wie viele Meter mit Fantasy-Romanen man in seinem Kinderzimmer hatte. Die Bücher selbst waren sozusagen die Pokale, so wie es früher zu jedem bildungsbürgerlichen Haushalt gehörte, dass man ganze Wände voll mit schmucken Klassikerausgaben sein Eigen nannte, um zu zeigen, wie belesen und weltgewandt man war.

Auch hier gilt: Machen Sie ruhig erst einmal kleine Schritte, indem Sie zum Beispiel eine kleine Urkunde verleihen, aber machen Sie Schritte! Zeigen Sie Ihrem Kind durch symbolische Gesten und kleine Zuwendungen, wie sehr Sie anerkennen, dass es liest und dass es damit vorankommt.

Übrigens gibt es dieses Prinzip auch in einer systematisierten Variante: Auf antolin.de kann Ihr Kind Fragen zu Büchern beantworten und dafür Punkte sammeln. Viele Schulen nehmen an diesem Programm teil. Als Belohnung für eine gewisse Punktezahl gibt es dann zum Beispiel einmal hausaufgabenfrei. Wenn das nicht eine ausgezeichnete Motivation ist!

Von allem anderen natürlich abgesehen, sollten Sie eine Prämie auf keinen Fall vergessen: Loben Sie Ihr Kind auch mal, oder noch besser: bewundern Sie es für seine Leseerfolge. Nichts motiviert bekanntlich mehr als Anerkennung.

Ideen für Leseprämien

> *»Willy Wonka stand ganz allein in dem großen offenen Fabriktor. Seine Augen waren ungewöhnlich lebhaft. Plötzlich machte er ein paar komische kleine Tanzschritte, breitete die Arme aus und rief: ›Willkommen, meine kleinen Freunde! Willkommen in der Schokoladenfabrik!‹ «*

Wer wäre das nicht gerne: zu Gast in einer Schokoladenfabrik. Aber vielleicht kann man ja auch selber mal so etwas machen wie eine Überraschungsschokomanufaktur! Eine »Pop-up-Fabrik« würde man dazu neudeutsch

sagen, also eine Produktionsstätte, die plötzlich da und am nächsten Tag vielleicht schon wieder verschwunden ist. Dadurch wäre sie aber auch etwas ganz Besonderes. Zum Beispiel für Ihr Kind.
Ihr Kind hat ein Buch gelesen! Zeigen Sie, dass Sie stolz darauf sind! Vielleicht gibt es etwas, das gut zum Buch passt. Eine Belohnung, die ebenso überraschend wie naheliegend ist. Wenn Ihr Sohn oder Ihre Tochter Roald Dahls *Charlie und die Schokoladenfabrik* geschafft hat, dann wäre es doch eine gute Idee, an einem Nachmittag gemeinsam Schokofrüchte zu machen. Mit viel Schokolade, am besten in mehreren Sorten. Das macht Spaß, bietet jede Menge Gelegenheit zu naschen, ergibt eine herrliche Schweinerei (zumindest, wenn man es richtig macht) – und nach dem Abendessen gibt es für alle den leckersten Nachtisch!

> *»Auf Burg Eulenstein hauste seit uralten Zeiten ein kleines Gespenst. Es war eines jener harmlosen kleinen Nachtgespenster, die niemandem etwas zuleide tun, außer man ärgert sie. Tagsüber schlief es in einer schweren, eisenbeschlagenen Truhe aus Eichenholz …«*

Klar, Preußlers *Das kleine Gespenst*. Vielleicht finden Sie ja eine kleine Holztruhe, in die man neben einer Rasselkette auch noch ein paar andere prima Gruseldinge legen kann. Ihr Kind wird es lieben! Oder Sie unternehmen einen Ausflug zur nächstgelegenen Burg mit Verlies, trutzigen Türmen – und vielleicht einem kleinen, harmlosen Gespenst unter dem Dach.

Für die Lektüre von E.B. Whites *Klein Stuart*, der Geschichte einer ungewöhnlichen Familie, die mehr oder weniger absichtlich eine Maus als Kind adoptiert, wäre eine Stofftiermaus ein angemessenes Geschenk. Falls es der *Michel aus Lönneberga* war, könnte es ein Taschenmesser sein. Ja, Taschenmesser sind gefährlich, aber vielleicht ist Ihr Kind schon vorsichtiger und verantwortungsvoller im Umgang damit, als Sie es sich vorstellen können?

Gregs Tagebuch von Jeff Kinney hat vielen Kindern gezeigt, dass man ein Buch schaffen kann. Und dieses »Tagebuch« ist ja auch ausgesprochen witzig zu lesen. Gut möglich, dass Ihr Kind plötzlich Lust entwickelt, selber eines zu schreiben. Wär's nicht eine gute Idee, als Belohnung für den erfolgreichen Abschluss der Lektüre, ein Tagebuch zu schenken? Ganz nebenbei wird Ihr Kind noch seine eigenen literarischen Fähigkeiten trainieren – und vermutlich auch noch eine Comic-Figur erfinden. Wer weiß, welche Karriere damit ihren Anfang nimmt …

Nun sagen Sie sich vielleicht: Mein Kind ist bestimmt nicht der Typ für ein Tagebuch. Ist Greg auch nicht:

> *»Zuerst will ich etwas klarstellen: Das sind meine Memoiren und KEIN Tagebuch. Ich weiß, auf dem Umschlag steht etwas anderes, aber als meine Mom mir das Ding besorgt hat, habe ich ihr EXTRA gesagt, nichts zu kaufen, auf dem ›Tagebuch‹ steht. ... Und dann will ich noch etwas klarstellen: Die Idee war von meiner MUTTER, nicht von mir.«*

Also, wenn Sie ein Tagebuch anschleppen, muss ja nicht unbedingt »Tagebuch« draufstehen.
Muss es unbedingt eine Sache sein, die man als Belohnung gibt? Ist das nicht das falsche Signal? Das kann man so sehen. Andererseits sind Prämien auch in anderen Bereichen gang und gäbe. Warum sollte ausgerechnet für etwas so Sinn- und Wertvolles wie das Lesen nicht auch mal etwas »Echtes« rausspringen.
Und wenn Sie so gar keine Idee haben? Dann geben Sie Ihrem Kind *Das Sams* von Paul Maar zu lesen und kleben Sie sich nach erfolgreicher Lektüre ein paar blaue Wunschpunkte ins Gesicht. Ihr Kind wird schon Wünsche haben, die es sich damit erfüllen kann.

4.
Ein Feuerwerk an Ideen

Wie Lesen zum Ereignis wird
und warum das so wichtig ist

Die Magie von Raum und Zeit

Wenn es ums Lesen geht, wird man öfter gefragt: Wann haben Sie zuletzt ein Buch gelesen? Wir würden gerne mal fragen: *Wo* haben Sie zuletzt ein Buch gelesen? Überlegen Sie doch mal.

»Nur bei wenigen Büchern habe ich in Erinnerung, wo ich sie gelesen habe, vielleicht, weil ich immer und überall lese. *Der Meister und Margarita* habe ich auf unserer sonnigen Terrasse gelesen, *Der Fänger im Roggen* an der Bushaltestelle. Als ich *Der Herr der Ringe* las, habe ich zwischendurch auf die wilden Berge Sardiniens geschaut. Dass die Gefährten da unterwegs sind, konnte ich mir gut vorstellen. *Der Name der Rose* dagegen habe ich in Sardinien weggelegt. Das sonnige Wetter wollte so gar nicht zu dem feuchten Kloster passen, in dem der mittelalterliche Krimi spielt. Im Winter habe ich das dann gerne gelesen. Im geheizten Zimmer. Es muss eben passen.«

Christoph Biemann

Und Sie? Wo haben Sie zuletzt ein Buch zur Hand genommen? War es auf dem Sofa? Auf dem Balkon? Im Urlaub unter einem Sonnenschirm, am Strand, auf einer Parkbank? War es im Bett? Wo immer es war, Sie werden sich einen Ort gesucht haben, den Sie für geeignet hielten, bewusst oder unbewusst. Man liest nicht, wo man nicht gerne liest. Der richtige Ort zum Lesen ist immer der richtige Ort für einen ganz bestimmten Menschen, um zu lesen! Das muss keineswegs der gleiche Ort sein. Viele lesen gern vor dem Schlafen, gemütlich ins Bett gekuschelt. Anderen ist es zu anstrengend, dauernd das Buch vor sich hin zu halten, sie lesen lieber im Sitzen. Im Freien, in einem stillen Winkel der Wohnung, auf der Toilette …

Und jetzt überlegen Sie, wo Ihr Kind liest. Wenn es liest. Hat Ihr Kind einen Ort, an dem es wirklich gerne lesen wird? Einen Ort, der zum Lesen einlädt? Oder ist es an dem Ort, an dem es normalerweise ein Buch zur Hand nehmen würde, umgeben von Ablenkungen, Lärm und Hektik? Liegt das Smartphone oder die Playstation in der Nähe? Spielt nebenan Musik? Gibt es kleine Geschwister, die sich zanken oder die irgendwelchen Unsinn veranstalten?

Wer möchte, dass sein Kind liest, sollte sich nicht nur darum kümmern, dass es die passenden Bücher gibt, sondern auch den passenden Ort. Am besten einen Ort, der die Magie der Lektüre spiegelt!

»Wenn ich darüber nachdenke, wann und wie ich als Kind gelesen habe, denke ich vor allem an meine Schlafcouch. In die Klappe der Rückenlehne konnte man das Bettzeug stopfen, dann war es eine Couch. Abends zog man den Bettkasten ein wenig raus, holte das Bettzeug aus der Klappe, und mit ein paar Handgriffen war das Bett fertig. So habe ich abends gelesen, bis meine Mutter das Licht ausmachte. In meinem eigenen Reich, in einem geborgenen Raum. Aber natürlich war mein Bett auch mein Piratenschiff, meine Lokomotive, mein treues Pferd und meine Hütte im Wald.«

Christoph Biemann

Wer hat nicht ein Baumhaus im Sinn, auf dem ein Kind sitzt und in ein Buch vertieft ist? Wer sieht nicht das Kind mit der Taschenlampe unter dem Bett vor sich, wenn er an kindliche Lektüren denkt? Und das ist doch das beste Beispiel dafür, wie wertvoll besondere Orte für besondere Lektüreerlebnisse sind! Objektiv ist Lesen unter der Bettdecke mit einer Taschenlampe eine anstrengende Angelegenheit: Man bekommt zu wenig Luft, ständig nervt die Decke, man sieht zu wenig … Und doch wohnt diesem Lektüreort ein Zauber inne. Woher kommt das? Es rührt aus zwei Gründen her: Zum einen ist die Höhle ein geschützter Ort, an dem man vor der Welt verborgen ist. Zum anderen liest man unter der Bettdecke, um nicht dabei erwischt zu werden, heimlich. Die Eltern sollen einen nicht dabei ertappen! Obwohl sie ja eigentlich immer froh sind, wenn man mal ein Buch zur Hand nimmt, nachts im Bett soll man gefälligst schlafen und nicht lange Stunden mit einem Buch zubringen. Was da unter der Bettdecke stattfindet, ist eine Verschwörung. Eine Verschwörung gegen die Eltern! Die Verschwörer sind ein Kind und ein Buch. Was für eine wunderbare Komplizenschaft!

Vielleicht haben Sie ja die Möglichkeit, Ihrem Kind einen besonderen Ort zum Lesen einzurichten, etwa eine Ecke im Kinderzimmer, in dem unter einem Moskitonetz ein paar bunte Kissen, eine Lampe, was Leckeres zu trinken und einige besondere Bücher einladen, seine Zeit zu verbringen. Hängen Sie noch einen Traumfänger auf oder eine Lichterkette drum herum, schon ist aus ein paar simplen Zutaten ein magisches Lesezelt geworden.

Auf jeden Fall sollten Sie versuchen, Ihrem Kind einen Ort zu schaffen, an dem es möglichst wenig Ablenkung gibt, nicht allzu viel Lärm und vor allem eine gewisse Intimität. Denn wer liest, will in seinem Buch versinken. Nur dann kann die Lektüre ihren ganzen Zauber entfalten. Wenn es Ihnen auch noch gelingt, eine Verbindung zwischen dem Ort und der Lektüre herzustellen, sodass Ihr Kind Lesen damit verbindet, dass es sich gerne an dem Ort aufhält, dann haben Sie sehr viel erreicht! Denn Sie haben nicht nur eine Schwelle abgebaut, sondern einen Sehnsuchtsort erschaffen, der mit etwas Glück für Ihr Kind zum Sehnsuchtsort der Literatur wird.

Ideen für Leseorte

Platz ist in der kleinsten Hütte, heißt es. Und da ist was dran! Das Wichtigste beim idealen Leseort ist, dass es ein Rückzugsort ist. Das kann natürlich der Wintergarten sein oder das Billardzimmer, wenn Sie über solche Möglichkeiten verfügen. Aber genauso gut kann es der Platz unter dem Küchentisch sein, den man mit der Tischdecke abschirmt und wo man sich mit ein paar Kissen ein kuscheliges Plätzchen einrichtet.

Gute Leseorte sind solche im Freien! Das Tageslicht tut den Augen gut, die Fantasie kann das Rauschen des Windes, das Plätschern von Wasser oder den Gesang der Vögel in das Leseerlebnis einbauen. Auf einer Mauer sitzen und lesen, auf einem Baum sitzen und lesen, im Schatten eines Sonnenschirms sitzen und lesen, das sind Situationen, an die man sich auch später gerne erinnert.

Wenn es Ihre Fensterbänke zulassen: Kinder lieben es, sich mit ein paar Kissen und Kuscheltieren ans Fenster zu setzen. Es muss nur für die nötige Sicherheit gesorgt werden.

Zwei aneinandergeschobene Sessel sind ein vorzügliches Schiff oder eine super Lokomotive, um mit James Krüss oder Michael Ende auf große Fahrt zu gehen!
Warum nicht mal ein Zelt im Kinderzimmer aufschlagen – ob nun ein gekauftes oder ein aus Decken oder Tüchern selbst gemachtes? Falls es einen größeren Raum gibt, könnte man auch zum Beispiel drei solcher Zelte im Kreis aufstellen, eine Art Indianersiedlung für eine Leseparty oder sogar eine Lesenacht mit Freunden.
Reservieren Sie doch das Sofa, den Schaukelstuhl oder die Gartenbank mal exklusiv für Ihr lesendes Kind! Am besten mit einem Schild: *»ACHTUNG! Hier wird gelesen. Bitte nicht stören!«*
Wer den Lesesessel wie einen Thron empfindet und den Raum, in dem er liest, wie eine verbotene Stadt, der fühlt sich leicht wie ein König – und das Lesen wie ein Privileg.

Es ist aber nicht nur eine Frage des richtigen Orts, ob wir die Lektüre genießen, ob sie uns etwas bedeutet oder ob wir etwas von ihr behalten können. Es hat auch mit der Zeit zu tun.

Früher war es üblich, dass Kinder mittags nach der Schule heimkamen und dann Zeit hatten. Rasch noch die Hausaufgaben gemacht – und raus zum Spielen! Oder aufs Bett werfen und ein Buch zur Hand nehmen.

Vielleicht kennen Sie das aus Ihrer eigenen Kindheit noch. Aber gilt das auch für Ihr Kind?

Heute haben sehr viele Kinder lange Schultage. Viele haben auch noch ein umfangreiches außerschulisches Programm: Sie gehen in den Sportverein, lernen Klavier, spielen regelmäßig Tennis, Fußball, nehmen Nachhilfestunden, machen Ballett, singen im Chor, besuchen Sprach- oder Computerkurse … Das soll den Nachwuchs im Leben weiterbringen, den Horizont erweitern, für bessere Leistungen in der Schule sorgen, für eine gute körperliche und seelische Entwicklung, es soll gesunden Kampfgeist wecken oder soziale Kompetenzen stärken. All das sind Ziele, gegen die man nicht viel sagen kann – außer dass sie im Übermaß die freie Zeit unserer Kinder fressen. Viele Mädchen und Jungen haben kaum noch frei verfügbare Zeit, und wenn, dann nur in sehr geringen Dosen. Kann man es ihnen verdenken, wenn sie dann *nicht* eifrig das nächste Buch zur Hand nehmen und sich darin vertiefen?

» Unsere Jüngste liebt nichts mehr als zu basteln. Wenn sie mal Zeit hat, setzt sie sich an ihren Schreibtisch und erfindet die verrücktesten und entzückendsten Kunstwerke. Von manch einem lässt sich kaum sagen, was es eigentlich ist: ein Gesamtkunstwerk eben. Dann überrascht sie meine Frau mit ›Wunschpommes‹, die aus einer selbstgefalteten

Tüte rieseln und ihr »Die besten Geschenke«, »nete Kinder«, »freude«, »coole Jahre« und natürlich »viele Pommes« verheißen. Oder mich mit einem selbst gebastelten, geschriebenen und illustrierten Buch, in dem sie unsere gemeinsamen Abenteuer beschreibt (die ich noch gar nicht kenne).
Soll ich das im Ernst unterbinden, damit sie lieber das Buch eines anderen liest? Sicher nicht! Die Kunst liegt nun einmal im richtigen Augenblick. Manchmal sind andere Dinge wichtiger als Lesen.«

Thomas Montasser

Bücher brauchen Zeit. Sie brauchen sie auch deshalb, weil sie komplexe Inhalte transportieren. So, wie es uns keinen Spaß macht, einen Film im Minutentakt zu sehen – es ärgert uns ja schon, wenn wir durch Werbepausen gestört werden –, macht es keinen Spaß, ein Buch zu lesen, wenn man nicht ab und zu die Möglichkeit hat, in die Welt einzutauchen, die es öffnet. Wenn Sie den Alltag Ihres Kindes betrachten: Sind Sie sicher, dass es genügend Zeit findet, sich fürs Lesen zu entscheiden – und genügend Zeit, sich auch mal dagegen zu entscheiden? Denn wenn dem Kind nur gerade so viel »Freizeit« im Tageslauf oder im Wochenplan bleibt, dass ein, zwei Kapitel eines Buches darin unterzubringen sind, dann wird aus der Freizeit- eine Pflichtbeschäftigung. Und so wie es uns keine Freude bereitet, unser Lieblingsessen nach einem bestimmten Plan essen zu müssen, macht auch die eigentlich reizvolle Lektüre plötzlich keinen Spaß mehr, wenn sie vom Kann zum Muss mutiert.

Wenn Sie also feststellen, dass eigentlich im Leben Ihres Kindes kaum Zeit übrig ist, die es mal mit Lesen verbringen könnte, dann ist es vielleicht sowieso angezeigt, sich von der ein oder anderen Extrabeschäftigung zu trennen. Kinder brauchen nicht nur Sport und Kultur und Bildung und Lektüre, sie brauchen auch Zeit, in der sie äußerlich und innerlich frei sind! Frei, eigene Gedanken zu fassen, Erlebtes zu verarbeiten, die Welt zu betrachten, Ungeplantes zu erleben, ihre ganz eigene Fantasie und Persönlichkeit zu entwickeln. Und wenn Sie genügend Zeit im Leben Ihres Kindes freigeräumt haben, dann besteht zumindest die Chance, dass es das Lesen als Freizeitbeschäftigung entdeckt und begreift, dass Sie es für Bücher begeistern und ihm die Welt der Literatur näherbringen und damit viele neue Welten eröffnen.

Die Schatzhöhlen der Bücher

Selbst die kleinste Buchhandlung hat tausende von Büchern auf Lager, viel mehr als irgendjemand in seinem ganzen Leben lesen kann. Davon könnte man leicht überfordert sein. Aber man kann es auch anders machen: Man kann so eine Buchhandlung besuchen wie den Strand und das Meer: Man wird nie ganz durchschwimmen können, aber es macht riesigen Spaß, am Strand zu spielen, zu plantschen, mal ein Stück rauszuschwimmen, sich Bälle zuzuwerfen, sich in die Wellen zu schmeißen … Genau so kann man es auch mit dem Buchladen machen! Denn er ist ein Meer von Geschichten, ein Universum der Möglichkeiten.

Besuchen Sie öfter mal mit Ihrem Kind eine Buchhandlung oder eine Bibliothek. Gehen Sie nicht mit einem festen Plan hin, sondern springen Sie rein in die Welt der Bücher! Stöbern Sie, blättern Sie, machen Sie sich gegenseitig auf Entdeckungen aufmerksam. Buchhändlerinnen und Bibliothekare werden Sie dafür lieben. Denn sie leben davon und dafür, dass man ihre Schätze entdeckt.

Ihr Kind ist gelangweilt? Vielleicht weiß es nur nicht, dass es mitten in einer praktisch unerschöpflichen Schatzkiste steht. Manchmal muss man die Schätze eben sichtbar machen. Bei Büchern geht das ganz leicht: einfach mal gemeinsam auf die Suche nach der verrücktesten Geschichte gehen, Rückseitentexte lesen! Wer einen besonders reizvollen entdeckt hat, liest ihn vor.

> *»An Benjamin Schubert!*
> *Die magische Zoohandlung teilt mit: Du gehörst zu den ersten beiden Kindern, die ein magisches Tier bekommen. Halte dich bereit.*
> *Viele Grüße*
> *Die magische Zoohandlung«*

Wären Sie nicht neugierig, welches Tier das ist – und wer das andere Kind ist? Da muss man doch sofort loslesen!

> *»Der Franz und die Gabi spielen Detektive. Tagelang lauern sie im Kaufhaus Dieben auf – und werden am Ende selbst für Diebe gehalten. Als dann die Sparkasse überfallen wird, sind sich die beiden sicher: Diesen Täter überführen sie bestimmt!«*

Na? Werden sie's schaffen? Und wie war das, als sie plötzlich selbst für Diebe gehalten wurden? Das will man doch wissen!

»Peer liebt es, Strandgut zu sammeln. Besonders stolz ist er auf seine Flaschensammlung. Und so hat Peer eines Tages eine tolle Idee: Er beschließt, Flaschenpostbote zu werden! Doch leichter gesagt als getan. Denn die mürrischen Inselbewohner haben überhaupt keine Lust, Briefe zu schreiben. Nur die kleine Lena ist begeistert, aber die glaubt ja auch an die Existenz der geheimnisvollen siebten Insel …«

Da ahnt man doch sofort, dass es diese geheimnisvolle Insel geben muss! Aber warum ist sie so geheimnisvoll? Und werden die mürrischen Inselbewohner mal endlich anfangen, Briefe zu schreiben? Überhaupt: Wie soll das gehen – Flaschenpostbote!

Die Welt der Kinderliteratur wimmelt von außergewöhnlichen Kinderfiguren. Viele von ihnen muss man einfach lieben! Michel zum Beispiel:

»Mit seinen runden blauen Augen und dem hellen wolligen Haar konnte man ihn zwar für einen Engel halten – wenn er schlief, aber wenn er nicht schlief, dann hatte er mehr Unsinn im Sinn als irgendein anderer Junge in ganz Lönneberga oder ganz Småland oder ganz Schweden oder vielleicht sogar auf der ganzen Welt.«

Welcher Junge würde sich darin nicht wiedererkennen. Endlich jemand, mit dem man sich richtig gut identifizieren kann! Da will man doch sofort wissen, was für eine Art von Unsinn er immer ausheckt und was dann passiert.

Manchmal geht es ganz real zu, wie auf dem kleinen schwedischen Bauernhof, dann wieder fantastisch:

> *»Die kleine Hexe ist leider erst einhundertsiebenundzwanzig Jahre alt und wird deshalb von den großen Hexen noch nicht für voll genommen. Wenn sie schon keine große Hexe ist, will sie doch wenigstens eine gute sein. Mit diesem Entschluss beginnt ein aufregender Wirbel.«*

Geht es nicht allen kleinen Mädchen so? Dass sie auch gerne große Hexen wären? Mal sehen, wie die kleine Hexe im Buch das anstellt!

> *»Abenteuerlich und paradiesisch schön sind die Berichte des dalmatinischen Schiffskapitäns Daworin Madirankowitsch von den Glücklichen Inseln hinter dem Winde, will man dem alten Seebären Glauben schenken. Sieben Abende lang spinnt er seine wundersamen Geschichten über jene Inselgruppe, auf der man einfach nur glücklich sein kann. Nicht*

nur Leopard und Gazelle leben dort einträchtig miteinander. Man kann auf Zuckerpisten Ski fahren, in einem See aus Limonade rudern und die Welt durch Wunderbrillen betrachten.«

Ja, so geht das in der Welt der Kinderliteratur, die ein Meer aus zauberhaften Geschichten ist, lustigen, spannenden, aufregenden … Warum nicht ab und zu einen Nachmittag im Buchladen oder in der Bibliothek verbringen und sich gegenseitig die Texte von der Rückseite der unterschiedlichsten Kinderbücher vorlesen. Ziemlich wahrscheinlich, dass das eine oder andere Buch am Ende mit nach Hause genommen werden will, weil man sich schließlich nicht mit ein paar Zeilen abspeisen lassen, sondern wissen will, wie die Geschichte denn nun weitergeht.

Am Ende war der Besuch in der Buchhandlung – der Ausflug an den Bücher-Strand – meist ein großer Erfolg, alle hatten ihren Spaß, man ist voll neuer Energie und hat eine Menge Inspiration getankt, mit der sich die Herausforderungen des Alltags umso leichter meistern lassen.

Bücher über Bücher

Zu den klassischen Motiven der Kinder- und Jugendliteratur gehört es, dass es in den Büchern um Bücher geht. Meist handelt es sich um magische, jedenfalls mindestens um geheimnisvolle Bücher, mit denen sich Abenteuer der unterschiedlichsten Arten entspinnen. Solche Buchromane können ein Mittel sein, um Kindern den Zauber des Lesens zu verdeutlichen. Eines der Standardwerke dieses Genres hat Michael Ende mit *Die unendliche Geschichte* geschaffen. Natürlich heißt auch das Buch im Buch wie der Roman:

> *»Bastian Balthasar Bux entdeckt in einem Antiquariat ein Buch, das ihn auf magische Weise anzieht: ›Die unendliche Geschichte‹. Er liest vom Reich Phantásien, in dem sich auf unheimliche Weise das Nichts immer weiter ausbreitet. Schuld daran ist die geheimnisvolle Krankheit der Kindlichen Kaiserin, die einen neuen Namen braucht, um gesund zu werden. Den kann ihr aber nur ein Menschenkind geben. Sollte Bastian selbst jenes Kind sein, das Phantásien zu retten vermag? Zusammen mit dem jungen Krieger Atréju und dem Glücksdrachen Fuchur*

begibt er sich auf eine Reise durch Phantásien, in der bald jede Minute zählt.«

Schon die Lektüre des Klappentextes zeigt: Da steckt alles drin. Ein kindlicher Held, eine kindliche Heldin, eine Reise an abenteuerliche Orte, Drachen, Drama, Wettlauf gegen die Zeit. Ende brennt hier ein Fantasy-Feuerwerk ab, das schon viele Leserinnen und Leser begeistert hat.

Auf ähnliche Weise versucht es, wenn auch nicht ganz so bunt und sicher deutlich härter, Cornelia Funke mit ihrem Titel *Tintenherz* und dessen Nachfolgern, die sich an eine etwas ältere Leserschaft wenden:

»Ein unheimlicher Gast taucht nachts bei Meggie und ihrem Vater Mo auf. Er warnt Mo vor einem Mann namens Capricorn. Am nächsten Morgen reist Mo mit Meggie zu ihrer Tante Elinor und versteckt das Buch, um das sich alles dreht. Ein Buch, das Mo vor vielen Jahren gelesen hat und das jetzt in den Mittelpunkt eines unglaublichen, magischen und atemberaubenden Abenteuers rückt. Ein Abenteuer, in dessen Verlauf Meggie nicht nur das Geheimnis um Zauberzunge und Capricorn löst, sondern auch selbst in große Gefahr gerät.«

Kai Meyer hat mit *Die Seiten der Welt* ebenfalls einen spannenden Kosmos rund um ein geheimnisvolles Buch erschaffen, fast meint man, es sei eine Kombination aus Ende und Funke:

> *»Furia Salamandra Faerfax lebt in einer Welt der Bücher. Der Landsitz ihrer Familie birgt eine unendliche Bibliothek. In ihren Tiefen ist Furia auf der Suche nach einem ganz besonderen Buch: ihrem Seelenbuch. Mit ihm will sie die Magie und die Macht der Worte entfesseln. Doch dann wird ihr Bruder entführt, und Furia muss um sein Leben kämpfen. Ihr Weg führt sie nach Libropolis, die Stadt der verschwundenen Buchläden, und an die Grenzen der Nachtrefugien. Sie trifft auf Cat, die Diebin im Exil, und Finnian, den Rebellen. Gemeinsam ziehen sie in den Krieg – gegen die Herrscher der Bibliomantik und die Entschreibung aller Bücher.«*

Das sind nur einige Beispiele einer Vielzahl von Büchern, die sich mit dem Zauber der Bücherwelt beschäftigen und an Kinder und Jugendliche wenden. Der Hintersinn einer solchen Lektüre muss ja nicht unbedingt mit den Worten: »Lies das mal, dann weißt du, wie toll Bücher sind!« enthüllt werden. Manchmal kommen die Kinder auch selber darauf, dass in einem Buch eine verdeckte Botschaft enthalten ist. Ein Schelm, wer Böses dabei denkt.

Lesen als Ereignis

Bei Nichtlesern ist Lesen oft als langweilig verschrien. Ein Missverständnis, natürlich. Aber es hat Ursachen. Lesen ist im Vergleich mit anderen Beschäftigungen unauffällig. Die Action findet nicht auf dem Sportplatz statt und nicht auf dem Bildschirm, wo es kracht und blitzt, sondern im Kopf. Man bewegt nicht den Körper, sondern den Geist – und das ist nun einmal von außen betrachtet unspektakulär. Die Innensicht enthüllt sich nur dem Leser, und auch hier kommt es durchaus auf das »Level« an, das man erreicht hat. Je souveräner und virtuoser wir Texte erfassen, umso leichter nehmen wir alles auf, was sie uns bieten. Wirklich gute Texte haben ja häufig sogar mehrere Verständnisebenen: eine scheinbar einfache Grunderzählung und eine oder mehrere Ebenen, die für erfahrene Leser/innen ein literarisches Sahnehäubchen darstellen. Aber jeder gute Text ist anregend, und zwar für jede Leserin und jeden Leser!

Das muss Sie indes nicht daran hindern, Lesen auch äußerlich als Ereignis zu inszenieren, um Ihrem Kind die Erkenntnis zu erleichtern, dass es etwas ist, was Spaß macht.

Lesen mit verteilten Rollen zum Beispiel ist ein schönes und einfaches Mittel, um Texte ganz unmittelbar lebendig zu machen. Kuscheln Sie sich aneinander und verleihen Sie den Heldinnen und Helden der Kinderbücher eine unverwechselbare Stimme. Vielleicht mal eine unerwartete, eine, die der betreffenden Figur einen ganz anderen Charakter gibt.

Man kann auch durchaus mal wechseln oder unterschiedliche Varianten ausprobieren. Warum nicht Lord Voldemort mal mit zugehaltener Nase lesen oder das Sams mit einer Kirsche in der Backe? Herumalbern ist erlaubt! Bücher werden beim Lesen lebendig – wie viel Leben Sie aus ihnen herausholen, das hängt auch davon ab, wie viel Leben Sie hineingeben.

Leserätsel sind eine schöne Möglichkeit, die Fantasie der Kinder anzuregen: Lesen Sie ein Stück vor – und fragen Sie dann, wie die Geschichte wohl weitergehen könnte. Das macht natürlich noch mehr Spaß, wenn es mehrere Kinder gibt, die sich an dem Rätsel beteiligen, denn jedes Kind wird seine ganz eigenen Ideen haben. Am Ende lesen Sie vor, wie die Geschichte im Buch ausgeht – oder das Kapitel, das Sie gewählt haben. Vielleicht hat ein Kind ja das »richtige« Ende geraten? Dann sollte es auch eine gute Belohnung geben. Denn Lesen lohnt sich, und solche kleinen Prämien helfen, sich daran zu erinnern.

Die Königsdiziplin im Umgang mit Texten ist natürlich, *selber welche zu schreiben*. Es gibt seit einigen Jahren einen großen Trend, der sich *fan fiction* nennt. Gemeint ist damit, dass Leserinnen und Leser Geschichten aus ihren Lieblingsbüchern selbst weiterschreiben. Das hat damit zu tun, dass viele Figuren aus populären Kinder- und Jugendbüchern für die Autoren irgendwann »auserzählt« sind. Buchreihen sind dann abgeschlossen, doch der Lesehunger der Fans ist noch lange nicht gestillt. Also entwerfen diese selbst neue Abenteuer ihrer Lieblingshelden und spinnen die von den Autoren entworfenen Welten fort. Man muss das nicht schriftlich machen, man kann sich auch zusammensetzen und sich gemeinsam ausdenken, was Pippi Langstrumpf oder Jim Knopf noch so alles erlebt haben könnten. In jedem Fall macht diese Art des Umgangs mit Literatur besonderen Spaß, wenn man ihn im Kreise von Gleichgesinnten pflegt.

Wenn Sie das Lesen schon früh zum *Gruppenerlebnis machen*, stillen Sie auch noch andere Bedürfnisse Ihres Kindes. Denn Kinder wollen gemeinsame Interessen mit anderen Kindern teilen, sie wollen sich austauschen, und sie wollen auch stolz sein auf etwas. Zum Beispiel auf ihre Mama oder ihren Papa. Das könnten Sie erreichen, indem Sie zum Beispiel im Kindergarten oder in der Schule anbieten, gemeinsam mit den Kindern ein

Buch zu lesen beziehungsweise es ihnen vorzulesen. Öffentliche Auftritte sind zwar nicht jedermanns Sache, aber erstens muss es ja nicht gleich der ganze Kindergarten sein, und zweitens kann man das Vorlesen auch ein wenig üben, ehe man antritt. *Der Bundesweite Vorlesetag* wäre ein Anlass dafür. Er wird seit 2004 auf Initiative der *Stiftung Lesen*, der *Zeit* und der *Deutschen Bahn* veranstaltet und findet immer am dritten Freitag im November statt: »Jeder, der Spaß am Vorlesen hat, schnappt sich eine Geschichte und lässt andere in den Genuss des Zuhörens kommen«, heißt es auf der Website vorlesetag.de (wo es übrigens auch gute Tipps zum Vorlesen gibt). »Bei der Frage, wie die eigene Vorleseaktion gestaltet wird, sind der Fantasie keine Grenzen gesetzt – solange die Freude am gemeinsamen Erleben im Vordergrund steht.«

Orte, an denen dabei gelesen wird, sind zum Beispiel Schulen, Kindergärten oder Bibliotheken. Aber natürlich ist auch jeder andere Ort geeignet, an dem sich interessierte Zuhörer finden. Eine wunderbare Möglichkeit für Sie, die Erzieher/innen und Lehrer/innen zu unterstützen, Kindern das Lesen näherzubringen und Ihr eigenes Kind ein bisschen stolz zu machen, weil es eben nicht irgendjemand war, der vorgelesen hat, sondern die eigene Mama oder der eigene Papa. Vielleicht ja sogar alle beide?

»Wir haben zum Beispiel mal einen sehr schönen Erfolg gefeiert, als wir mit verteilten Rollen den Anfang des *Räuber Hotzenplotz* vorgelesen haben (Meine Frau als Großmutter, ich als Räuber).«

Thomas Montasser

Bei den meisten Kindern schon früh und lange Zeit äußerst beliebt sind Übernachtungspartys. Dieses Phänomen können Sie wunderbar nutzen, indem Sie mit Ihrem Kind eine *Lesenacht für Freunde* veranstalten. Ihr Kind darf zwei oder drei Freunde zum Übernachten einladen. Mehr Kinder sollten es nicht sein, weil sonst immer ein besonders hibbeliges die Veranstaltung sprengt. Voraussetzung ist, dass Sie gemeinsam lesen. Sie? Ja, auch Sie! Denn eine gute Lesenacht braucht gute Vorbereitung, Unterstützung und auch ein wenig Anleitung. Vielleicht suchen Sie ja ein Buch aus, das die beteiligten Kinder nicht über- oder unterfordert. Es lohnt sich, wenn die Teilnehmer das gleiche Buch lesen: Man kann sich gut darüber unterhalten, man kann abwechselnd vorlesen, man kann eine gemeinsame Welt erkunden. Wenn das Buch, das Sie auswählen, dazu einlädt, wäre auch eine passende Dekoration eine hübsche Idee. Gucken Sie doch mal in die Kiste mit den Karnevalsverkleidungen und kaufen Sie ein bisschen Buntpapier, um aus dem Kinderzimmer ein Ufo oder ein Baumhaus oder ein Gruselschloss zu zaubern. Ihr Kind wird Sie dafür lieben!

So oder so: Machen Sie Lesen zum Ereignis! Zeigen Sie Ihrem Kind, dass Lesen alles ist, nur nicht langweilig.

Böser Fehler!

Haben Sie auch schon mal den Satz gehört: »Jetzt reicht's! Du setzt dich jetzt hin und liest ein Buch.« Na gut, es sind zwei Sätze. Zwei dumme Sätze. Wenn es ums Lesen geht, vielleicht die dümmsten, die Eltern einfallen können. Denn nichts ist tödlicher für die Lust am Lesen, als wenn man dazu gezwungen wird oder gar – unübertrefflich schädlich – damit *bestraft* wird.

Lesen darf niemals eine Strafe sein. Wenn Sie dem Buch den Stempel aufdrücken, dass es eine Last wäre, es zu lesen, dann hat das Buch schon verloren. Denn so wie das Buch unendlich davon profitiert, dass es ein gutes Image hat, so leidet es unendlich darunter, wenn es ein schlechtes hat. Die Erfahrung »Lesen ist Strafe« kann Ihrem Kind das Lesen völlig verleiden.

Schon ein »Du musst« ist kontraproduktiv. Sie können das ausprobieren, womit Sie wollen, es funktioniert immer. »Du musst heute so viel Schokolade essen, wie du kannst« klingt immer bedrohlicher als »Du darfst heute so viel Schokolade essen, wie du kannst«. Wenn man hungrig an einem »All you can eat«-Plakat vorbeigeht, dann kann das schon verlockend sein. Ein »You must eat all«-Restaurant würden Sie aber zu Recht nie betreten.

Ihr Kind sollte Lesen als Belohnung begreifen, als Auszeichnung und – ganz wichtig – als Freizeit. Lektüre sollte nicht ein Tagesordnungspunkt sein, der auch noch abgehakt werden muss, neben all dem anderen, was einem die Zeit raubt: Schule, Hausaufgaben, Zimmer aufräumen, Vokabeln lernen usw.

Deshalb ist es wichtig, Lesen nie mit Zwang in Zusammenhang zu bringen. Lesen muss Lust sein, und Lesen ist ja auch Lust! Lesen ist Freizeit und Freiheit. Lesen ist innerliches Fliegen. Da haben Fesseln keinen Platz.

Geben Sie deshalb Ihrem Kind auch den Raum, ein Buch im eigenen Tempo zu lesen. Geben Sie ihm die Freiheit, ein Buch auszuwählen, das ihm gefällt. Kinder und Jugendliche müssen keine »hohe Literatur« lesen.

> » Als ich klein war, wurde ich oft zu meiner Oma nach Grabow in Mecklenburg geschickt. Mit einem Pappschild um den Hals. Am Grenzübergang Büchen mussten alle den Zug verlassen. In einer Baracke wurde das Gepäck durchsucht, Ausweise geprüft. Eine dralle Volkspolizistin, deren Uniform sehr knapp saß, zog ein *Micky Mouse*-Heft aus meinen Sachen, hob es angewidert hoch und sprach von »imperialistischem Schund«. Ich war wie vor den Kopf gestoßen, verstand die Welt nicht mehr. Oder noch nicht.

Dass Erwachsene Comic-Literatur – aus den unterschiedlichsten Gründen – für minderwertig halten, ist mir noch öfter begegnet. Aber egal, ob ich es als Kind hörte oder später als Erwachsener, ich konnte es nie verstehen und verstehe es auch heute noch nicht. Wer Comics verteufelt, hat ihren Wert nicht erkannt.
Ich kann mich nicht erinnern, ob Comics für mich der Einstieg ins Bücherlesen waren. Leider gab es noch keine Comic-Taschenbücher, nur die dünnen Hefte. Neue zu kaufen war zu teuer, aber es gab Läden, in denen man alte tauschen oder kaufen konnte. Neben *Micky Mouse* und *Fix und Foxy* gab es auch die »illustrierten Klassiker« mit Comics über Troja, Romeo und Julia, Odysseus, Cäsar und Cleopatra. Ich habe alles begierig verschlungen.«

Christoph Biemann

Wenn Ihre Tochter oder Ihr Sohn Spaß hat an reinen Quatschgeschichten, besorgen Sie Quatschgeschichten. Wenn es Comics sind, lassen Sie ein paar Comics springen. Das schadet Ihrem Kind nicht. Was Ihrem Kind schadet, sind Verbote und Spaßbremsen. Seien Sie deshalb niemals beim Lesen eine Spaßbremse.

Meist kommt es ohnehin so, dass mit steigender Lesekompetenz und -erfahrung auch das Interesse steigt, Neues und Anspruchsvolleres auszuprobieren. Ihr

Kind mag also vielleicht mit *Donald Duck* oder mit *Tim und Struppi* zu lesen anfangen. Das bedeutet aber nicht, dass nicht irgendwann dennoch Thomas Mann auf dem Nachttisch liegt. Also bitte nicht nur das Lesen an sich nicht erzwingen, sondern auch eine bestimmte Art von Lektüre nicht erzwingen. Ein unter Mühen und Qualen gelesener Dickens ist für Ihr Kind nichts wert. Ein mit dem größten Vergnügen verschlungener *Asterix* dagegen sehr wohl.

Über Bücher sprechen

Lesen wirkt im Kopf. Es erzeugt Bilder und Ideen, lässt ganze Welten in uns entstehen. Es bewegt uns. Deshalb ist es auch perfekt, um sich darüber auszutauschen. Dinge, die uns bewegen, wollen wir gerne mit anderen teilen. Das war schon immer so und wird immer so sein. Viele gehen vor allem deshalb ins Kino, um mitreden zu können über einen neuen Film – und natürlich gehen sie möglichst früh rein, damit sie überhaupt mitreden können. Denn schon bald wird niemand mehr über diesen Film sprechen. So ähnlich ist das auch mit Büchern.

Völlig unabhängig davon, ob es erst kürzlich erschienen oder schon ein Klassiker ist: Für Ihr Kind ist das Buch neu, wenn es gelesen wird. Und wenn es Ihr Kind bewegt, dann wird Ihr Kind auch gerne darüber sprechen. Das klappt natürlich dann besonders gut, wenn Sie es auch kennen, zumindest in Grundzügen. Deshalb: Interessieren Sie sich für die Lektüren Ihres Kindes und sprechen Sie mit ihm darüber.

Damit ist nicht gemeint, dass man ständig philosophische oder sonst irgendwie tiefschürfende Diskussionen führen müsste. Vielmehr geht es darum, gemeinsam an der Welt Anteil zu nehmen, die dieses Buch präsentiert. Und sei es, dass Sie gemeinsam schräge Sprüche aus *Gregs Tagebuch* zitieren und sich darüber amüsieren können. Dass Sie sich mal wie Asterix und Obelix (in dem Fall wird vermutlich Ihnen die Rolle des großen Dicken zufallen) durch die Wälder schlagen und hinter jedem Baum ein Wildschwein sehen oder hinter jedem Straßenschild einen Römer.

Bücher stiften Gemeinsamkeiten. Sie laden dazu ein, sich ein gemeinschaftliches Bild von der Welt zu machen. Aber natürlich gibt es auch die Fälle, in denen man sich wirklich sehr ernsthaft über Inhalte unterhält. Das kann die Frage sein, ob Michels Vater eigentlich ein guter oder ein schlechter ist (denn er sperrt ja seinen Sohn immer in den Schuppen und droht ihm mehrfach Schläge an) oder wie man damit umgehen würde, wenn man wie die jugendlichen Helden in John Greens Roman *Das Schicksal ist ein mieser Verräter* plötzlich an einer tödlichen Krankheit litte.

Sprechen über Literatur ist Sprechen über das Leben und das Dasein. Es schärft den Blick für die Welt: für die Schönheit der Dinge, für die Probleme, die uns begegnen. Es zwingt uns, über Themen nachzudenken, über die wir sonst vielleicht nicht so nachdenken würden – aber es inspiriert uns auch zu den verrücktesten Ideen.

Über Bücher sprechen

Wenn Sie mit Ihrem Kind über Bücher sprechen, bedeutet das zunächst, dass Bücher Ihnen wichtig sind. Sie geben der Literatur einen aktiven Platz in Ihrem Leben und dem Ihres Kindes. Literatur wird in Ihrem Leben präsent. Das macht Lust auf mehr Lektüre. Ihr Kind lernt aber auch, wie Sie denken. Es lernt Ihren inneren Reichtum kennen und nimmt daran Anteil, gleich, ob es um Spaß geht oder um Ernst. Sprechen über Literatur ist wie das Weiterreichen einer Flamme von Kerze zu Kerze: Das Licht wird mehr, wenn man es teilt.

Doktor Buch hilft immer

Sie werden das sicher selbst schon beobachtet haben. Seit einiger Zeit beschweren sich Kinder immer weniger über lange Autofahrten oder Wartezeiten beim Arzt, weil sie ein Tablet in der Hand halten und Computerspiele spielen. Das klingt auf Anhieb wie eine gute Lösung für ein ewiges Ärgernis. Denn sosehr man sich auch wünschen mag, die Kinder würden einfach mal die vorbeiziehende Landschaft auf sich wirken lassen oder im Wartezimmer auch mal einen Blick ins Matheheft werfen, die Realität ist doch immer wieder von der Erkenntnis geprägt, dass das fromme Elternwünsche bleiben. Kinder interessieren sich nicht für vorbeiziehende Landschaften, und sie gucken nun mal nicht gerne ins Matheheft. Was sie aber gerne tun, selbst solche Kinder, die sonst nicht unbedingt zum Buch greifen, ist, mal was zu lesen, wenn es an anderen äußeren Reizen beziehungsweise Unterhaltungsangeboten fehlt!

Langeweile beim Arzt, auf dem Amt, im Auto oder auch nur an der Bushaltestelle lässt sich wunderbar mit guter Lektüre bekämpfen. Man muss sie nur dabeihaben. Und das ist Ihre Aufgabe! Genau genommen sollten Sie zwei Bücher zur Hand haben: eines für Ihr

Kind und eines für sich selbst. Denn nichts wäre ja kontraproduktiver, als dem Kind ein Buch in die Hand zu drücken und dann selbst das Smartphone auszupacken. Das würde wirken, als fänden Sie selbst das Angebot, das Ihnen die digitale Welt macht, interessanter als die Lektüre eines Buchs. Nein, zeigen Sie Ihrem Kind, dass Sie selbst sich gerne die Zeit mit einem tollen Buch vertreiben.

Dabei wäre es hilfreich, nicht irgendein Buch dabeizuhaben, das womöglich vor Wochen mal angelesen wurde und seitdem unbeachtet zu Hause herumliegt. Überraschen Sie Ihr Kind mit einer neuen Lektüre! Zaubern Sie ein Buch aus der Tasche, das wie die Rettung vor unendlich öden Stunden wirkt – weil es die Rettung vor unendlich öden Stunden *ist*. Machen Sie Ihr Kind neugierig und stillen Sie diese Neugier beziehungsweise lassen Sie das Buch die Neugier stillen. So wohnt jedem ungeliebten Aufenthalt im Wartezimmer und jeder langweiligen Autofahrt plötzlich ein Zauber inne.

5.
Zaubern lernen

Warum beim Lesen der Weg das Ziel ist
und der Erfolg garantiert

Aufgeben gilt nicht

Wenn Sie Ihr Kind auf Skier stellen, wenn Sie es an ein Klavier oder vor einen Computer setzen, dann erwarten Sie nicht, dass es am nächsten oder übernächsten Tag in Rekordzeit den Hang herunterwedelt, Ihnen eine Nocturne von Chopin vorspielt oder mal eben Ihr Betriebssystem umprogrammiert. Manche Dinge brauchen ihre Zeit. Mit dem Lesen ist es nicht anders. Das gilt natürlich zunächst einmal fürs Lesenlernen an sich. Aber es gilt auch für die Kunst, Lektüre zu genießen und ein tieferes Verständnis dafür zu entwickeln. Das Alphabet zu beherrschen, ist so etwas wie der Pflugbogen oder der Flohwalzer beim Lesenlernen. Die größeren Aufgaben kommen nach und nach.

Man muss sich immer mal wieder bewusstmachen, dass Lesen eine sehr komplexe Kulturfertigkeit ist. Es zu lernen, es *gut* zu lernen, erfordert Ausdauer und auch eine gewisse Mühe. So wie ein guter Klavierlehrer seinen Schülern das Instrument mit viel Leichtigkeit beibringt, bringen Sie Ihrem Kind das Lesen unterhaltsam näher. Aber ohne Anstrengung geht es nicht. Die Kinder auf dem Fußballplatz strengen sich auch an – und es macht Spaß! Das schließt sich eben nicht aus. Und das müssen Sie Ihrem Kind immer wieder vermitteln. Dabei helfen Ihnen tolle Bücher, die am besten auch Ihnen Spaß machen.

Vor allem aber: Man darf nicht aufgeben. Es ist gar nicht nötig, dass man ständig zum Lesen drängt und ununterbrochen mahnt oder gar schimpft. Lesen muss ein attraktives Angebot sein und bleiben. Am besten erinnert man immer wieder daran. So wie der Fußballtrainer die Flanke immer wieder und wieder und wieder übt, bis sie endlich sitzt, so kann und muss man bei manchen Kindern immer und immer und immer wieder Bücher vorschlagen, mit reizvollen Prämien locken und Vorbild sein. Ein Trainer, der selbst keine Flanke treten kann, dem fehlt natürlich auch ein gutes Stück Autorität. Aber einer, der auch mal selber zeigen kann, wie es geht, genießt Ansehen, dem eifert man gerne nach.

Geben Sie nicht auf, werden Sie nicht müde. Lassen Sie sich Ihre eigene Begeisterung fürs Lesen nicht nehmen, sondern bleiben Sie dran! Es kann dauern. Bei manchen Kindern ist das Eis mit dem ersten Buch gebrochen, das man ihnen vorliest, bei anderen kann es Jahre dauern, bis sie endlich auf den Trichter kommen. Viele Jahre sogar.

» Mit meinem Sohn habe ich buchstäblich die ganze Kindheit und Jugend hindurch gelesen.

Ich habe ihm vorgelesen, wieder und wieder und immer wieder. Meterweise Abenteuerromane. Ich hatte gedacht, so wird mein Sohn ein Liebhaber des Buches. Aber lange hat er wenig gelesen, vielleicht drei Bücher im Jahr. Das ist für eine nachhaltige Leserkarriere keine gute Basis – dachte ich zunächst. Aber irgendwann gab es doch den einen entscheidenden Moment, das Aha-Erlebnis, das die Flamme in ihm entzündet hat! Jetzt ist er zweiundzwanzig und liest. Ich schätze ein bis zwei Bücher im Monat. Also deutlich mehr als der Durchschnitt. Ob es an meinen Bemühungen lag?
Vielleicht würde er genauso viel lesen, wenn ich ihm nicht so viel vorgelesen hätte. Das ist mir aber auch egal. Denn mir hat das Vorlesen einen Riesenspaß gebracht.«

Christoph Biemann

Geduld und Gelassenheit sind für beide wertvoll: Kinder und Eltern. Wer sich selbst unter Druck setzt oder gesetzt sieht, verliert den Spaß an der Sache, ehe er ihn gefunden hat. Machen Sie deshalb keinen Stress, sondern versuchen Sie, das Thema Lesen stets mit einer gewissen Heiterkeit zu präsentieren. Ihre Stimmung überträgt sich. Wer's nicht bierernst nimmt, nimmt es leichter – und baut auch keine innere Schranke dagegen auf.

Ganz wichtig auch: Nötigen Sie Ihr Kind nicht, ein bestimmtes Buch »fertig zu lesen«. Wenn Ihr Kind es als langweilig empfindet, dann *ist* es für Ihr Kind langweilig. Und nichts ist schädlicher für die Lesefreude als ein langweiliges Buch. Gut möglich, dass in einer anderen Phase dasselbe Buch viel interessanter für Ihr Kind sein wird! Aber selbst wenn nicht: Probieren Sie es mit einem anderen. Und noch einem anderen. Und noch einem. Ein gutes Buch, sagt man, muss einen »hineinziehen«. Wenn Ihr Kind »drin ist«, wird es die Lektüre auch zu Ende bringen. Dieses Buch gibt es für jedes Kind – es ist nur nicht das gleiche Buch für jedes Kind.

Wenn alles nichts hilft

Nun haben Sie ein ganzes Buch zum Thema gelesen, Sie haben Ihrem Kind die schönsten und besten Bücher gekauft, sind mit ihm in die Buchhandlung und in die Bibliothek gegangen, Sie haben ihm vorgelesen und sich vorlesen lassen, ganze Lesenächte veranstaltet, eine Menge wundervoller Rituale begründet, mit Ihrem Kind über die Bücher diskutiert (oder es zumindest versucht), haben jedes nur erdenkliche Lesefeuerwerk abgebrannt – und Ihr Kind will immer noch nicht lesen?

Das kann passieren. Und es kann sein, dass das sogar dauerhaft so bleibt, auch wenn es bei langfristigeren Anstrengungen nicht wirklich wahrscheinlich ist. Aber selbst wenn dieser unwahrscheinliche und denkbar schlechteste Fall einträte: Es wäre nicht vergebens gewesen! Denn jede Stunde, jede Minute, in der Sie Ihrem Kind das Lesen nähergebracht haben, ist für sich genommen ein Gewinn. Es mögen hart erkämpfte Gewinne gewesen sein, aber Sie haben Ihrem Kind etwas geschenkt, was niemand ihm jemals wieder nehmen kann: Sie haben ihm eine Dimension des Lebens gezeigt, die ihm sonst verborgen geblieben wäre. Sie haben Ihr Kind vor dem traurigen Schicksal bewahrt, nie die Welt der Bücher erkundet zu haben. Selbst wenn nie eine Leserin oder ein Leser aus Ihrer Tochter oder Ihrem Sohn werden sollte – rückblickend wird sie oder er zumindest Ihr Bemühen erkennen und es würdigen. Es kann dauern, bis der Tag kommt, aber er wird kommen. Denn zu den schönsten Erinnerungen unserer Kindheit zählt das gemeinsame Lesen: das gemeinsame Erleben von Abenteuern, die Nähe, die Zuwendung, die Aufmerksamkeit.

Manche Bretter sind dick, und man muss lange, sehr lange bohren. Aber wenige Bretter sind so dick, dass man sie nicht früher oder später durchgebohrt hat. Führen Sie sich das ruhig vor Augen, wenn Sie mal wieder verzweifeln, weil all Ihre Bemühungen scheinbar nichts bringen. Wäre es nicht wahnsinnig traurig, wenn Sie aufhörten, obwohl Sie vielleicht nur noch eine Winzigkeit vom Durchbruch entfernt sind?

Schlimmer, als Ihr Kind nicht fürs Lesen zu begeistern, ist nur, es nicht ernsthaft versucht zu haben.

Risiken und Nebenwirkungen

Lesekompetenz ist etwas, das man genauso trainieren kann und sollte wie die Muskeln des Körpers. Sie ist ein geistiger Sport. Und wie in jedem Sport gibt es auch hier tolle Leistungen nicht gratis. Man muss etwas dafür tun. Das glauben Sie nicht? Vielleicht haben Sie ja Kinder, die schon zur Schule gehen. Ist Ihnen schon mal aufgefallen, wie stark die Leistung Ihres Kindes nach den Sommerferien nachgelassen hat? Wenn man das Oberstübchen nicht trainiert, wird es faul und träge. Und im Oberstübchen findet nun einmal auch das Lesen statt. Daher dürfen Sie nicht glauben, dass man das Lesenlernen abhaken kann wie eine Aufgabe, die erledigt ist. Man muss es sich immer wieder aufs Neue erarbeiten, will man zu den wirklich guten Lesern gehören und es dabei bleiben soll.

Leider gibt es aber tatsächlich ein paar Risiken und Nebenwirkungen, die wir nicht unerwähnt lassen wollen. Zum Glück kann man diesen aber entgegenwirken. Was um alles in der Welt soll am Lesen schlecht sein, werden Sie fragen. Nun, das wusste schon Großmutter: Man kann sich »die Augen verderben«. Was nach Aberglaube und einer fixen Idee aus alten Zeiten klingt, hat einen sehr realen Kern. Wissenschaftliche Studien haben gezeigt, dass Kinder, die sehr viel lesen, zu Kurzsichtigkeit neigen. Das gilt zwar für die Lektüre am Bildschirm noch viel mehr als für die von Büchern, aber auch Bücher sind in diesem Sinne nicht ungefährlich. Kinder, die viel draußen spielen, brauchen weitaus seltener eine Brille als Kinder, die sich meist in Gebäuden aufhalten. Kinder, die zum Beispiel einem Ball mit den Augen folgen, trainieren ihre Sehfähigkeit anders als Kinder, die ihre Nase ständig in Bücher stecken. Erstere sehen auf die Entfernung gut, Letztere können besonders gut kleine Details – also zum Beispiel Buchstaben – auf kurze Distanz erkennen. Das wäre ja kein Problem, wenn man nicht auch am Straßenverkehr teilnehmen oder mal den Ausblick in eine schöne Landschaft genießen wollte.

Die gute Nachricht ist: Je mehr Tageslicht Sie ins Leben Ihres Kindes lassen, umso geringer die Gefahr, dass das Lesen geradewegs in die Kurzsichtigkeit führt! Deshalb: Fördern Sie das Lesen im Freien, stellen Sie Ihrem Kind einen Krug selbstgemachte Zitronenlimonade mit Eiswürfeln auf den Balkon und reichen Sie dazu ein Buch! Lassen Sie es auf den Baum klettern und dort sein Buch auspacken! Wickeln Sie öfter mal für jeden ein Buch in eine Picknickdecke, packen Sie alles aufs Fahrrad und machen Sie sich am besten gemeinsam gesünder und klüger bei einem fröhlichen Leseausflug ins Grüne!

Damit bleibt als einzige Gefahr, die das Lesen für Ihr Kind bedeutet, dass es einen ganz eigenen Kopf entwickelt. Einen mit eigenen Ideen und Ansichten. Vielleicht einen widerspenstigen, vielleicht einen anstrengenden, aber auf jeden Fall einen schlauen. Nun, diese Nebenwirkung kann man in Kauf nehmen.

Lesen ist Zaubern

»Wenn ich Filme für *Die Sendung mit der Maus* mache, entscheide ich, wie lange ein Bild zu sehen ist. Das entscheide ich aus dem Bauch heraus, aber auch in der Annahme, dass das Bild lange genug zu sehen war, um das zu zeigen, was ich zeigen wollte. Ich bin sozusagen Herr über die Zeit meiner Zuschauer. Ich denke, es wird nicht passieren, dass jemand mitten im Film auf die Pausentaste drückt, um ein wenig nachzudenken, einem Gedanken nachzuhängen, der ihm gerade gekommen ist. Da hat es der Leser besser. Auf der anderen Seite liefere ich auch Bilder. Bilder, die dann im Kopf wiederauftauchen können, wenn in einem Buch eine Szenerie beschrieben wird.«

Christoph Biemann

Lesen gibt uns – oder besser noch: unserer Fantasie – die Herrschaft über die Welt. Mindestens aber über unser eigenes Innenleben. Wir bestimmen, wie ein Bild, das sich in unserem Kopf formt, aussieht, wie schnell wir eine Szene erleben, wie intensiv … Lesen treibt uns nicht vor sich her, wie es Filme oder Computerspiele tun. Es nimmt uns nicht die Hoheit über unsere Fantasie, sondern lässt sie uns, ja fordert sie sogar heraus zu Mut, Eigensinn und Leidenschaft.

Wüssten Sie nicht, dass Lesen wichtig ist, Sie hätten dieses Buch nicht zur Hand genommen. *Wie* wichtig es ist, das mag Ihnen vielleicht im Laufe der Lektüre noch mehr bewusstgeworden sein. Denn in der Tat kann man die Wichtigkeit von Lesen kaum überschätzen. Lesen befähigt uns zu beinahe allen anderen Kulturfertigkeiten. Es ist der Schlüssel zu so vielem!

Aber selbst das greift zu kurz. Denn Lesen ist auch als Selbstzweck von unglaublicher Bedeutung. Es formt uns als Menschen. Es lässt unseren Geist erwachen und wachsen. Es gibt uns Selbstvertrauen und Selbstbewusstsein – und Bewusstsein für die Welt um uns! Studien belegen, dass Menschen, die lesen, empathischer – mitfühlender – sind. Sie können sich besser in andere hineinversetzen und entsprechend besser mit ihnen kommunizieren, selbst wenn dabei kein einziges Wort geschrieben oder auch nur gesprochen wird.

Lesen ist mehr als nur das Erkennen und Aneinanderreihen von Buchstaben und Wörtern. Es ist das Erkennen und Erkunden ganzer Welten. Welten, die wir aus unserem eigenen Inneren hervorholen! Denn nur, wer die Gabe hat, sich etwas vorzustellen, kann die Schrift in Fantasie verwandeln. Das freilich gilt für praktisch jeden Menschen, wenn er denn nur irgendwann zu lesen lernt. Es gilt aber umso mehr, je mehr wir lesen und zu lesen geübt haben. Jeder von uns kann aus ein paar wenigen Worten, die irgendwo niedergeschrieben sind, eine ganze Welt in seinem eigenen Kopf entstehen lassen. Aus dem Nichts! Ohne weitere Hilfsmittel! Jederzeit und überall. Fürs Lesen braucht man keinen Akku, man braucht keinen Joystick, keine Software, keine Updates … Alles, was man braucht, ist ein bisschen Neugier, und auch die erzeugt man aus sich selbst. Mit anderen Worten: Lesen macht das Unmögliche möglich. Es ist ein Perpetuum Mobile, Energie, die sich selbst erzeugt, etwas, das sich nicht mit den Gesetzen der Natur erklären lässt. Oder anders gesagt:

Lesen ist Zaubern!

Und Ihr Kind ist ein Zauberer.

Quick-Start – Ein paar schnelle erste Maßnahmen

Sie sind wild entschlossen, es jetzt zu probieren? Am besten gleich? Ihr Kind wird Leser/in? Wunderbar! Nur zu! Sie sind nur ein Buch von Ihrem Vorhaben entfernt. Hier ein paar erste Maßnahmen, die alles leichter machen:

1. Packen Sie alle verfügbaren Handys weg (am besten rufen Sie eine digitale Fastenwoche aus).
2. Auch die Tablets, Spielekonsolen oder sonstigen multimedialen Zeitfresser sollten vorläufig verschwinden.
3. Nehmen Sie nicht nur den Fernseher vom Strom, sondern verstecken Sie das Kabel.
4. Legen Sie ein verlockendes Kinderbuch und eine Tafel Schokolade (schon geöffnet, eine Ecke fehlt bereits) auf den Wohnzimmertisch und schließen Sie die Tür.
5. Wenn Ihr Kind sich dem Arrangement nähert, scheuchen Sie es weg: »Das ist meins!«
6. Anschließend machen Sie sich unbedingt selbst vom Acker. Am besten, Sie nehmen ein gemütliches Bad. Das Wohnzimmer sollte in der Zeit zugänglich sein.

7. Wenn bei Ihrer Rückkehr an den Wohnzimmertisch ein Stückchen Schokolade fehlt, haben Sie schon einen Erfolg erzielt.
8. Wenn das Buch fehlt, haben Sie einen Sieg errungen.

In jedem Fall aber haben Sie eine erste wichtige Botschaft platziert: Lesen ist vergnüglich, ein Buch ist was Besonderes. Das ist eine Saat, die aufgehen könnte, wenn Sie stetig gießen und düngen.

6.
Bücherwürmer überall

Wo Sie noch mehr übers Lesen erfahren und wo sich Ihrem Kind noch mehr Türen öffnen

Einige Tipps für weitere Informationen und Anregungen

akademie-kjl.de

Die *Deutsche Akademie für Kinder- und Jugendliteratur e. V.* zeichnet monatlich drei neu erschienene Bilder-, Kinder- und Jugendbücher aus. Damit will die Jury auf besonders lesenswerte Bücher aufmerksam machen. Man kann auf der Seite viele tolle Werke entdecken, auch wenn manches sich eher an erfahrenere Leser/innen wendet und bei der Auswahl im Jugendbuch manchmal der Spaß vielleicht ein bisschen zu kurz kommt.

alf-hannover.de

Die *Akademie für Leseförderung Niedersachsen* bietet auf ihrer Website eine Menge wertvoller Informationen und Anregungen rund ums Lesen. Auch wenn sie sich eher an Profis richtet, also etwa Lehrer/innen oder Erzieher/innen, lohnt sich das Stöbern, auch weil es eine Reihe interessanter Links gibt.

alliteratus.com

Hier findet man eine reiche Auswahl an Rezensionen sehr erfahrener Kinder- und Jugendbuchexpertinnen und -experten. Vom Bilderbuch über Erstleserliteratur und »Klassiker« bis hin zur Graphic Novel.

avj-online.de

Die *Arbeitsgemeinschaft von Jugendbuchverlagen e. V.* gibt es seit 1950. Sie wendet sich an Buchhandel und Eltern und informiert über Wissenswertes aus der Kinder- und Jugendmedien-Branche. Man kann dort einen kostenlosen Newsletter abonnieren und erfährt viel aus der Welt der Macher von Kinderbüchern.

bmbf.de/lesestart

Das *Bundesministerium für Bildung und Forschung* hat ein schönes Angebot für Familien, Schulen und andere Einrichtungen ins Leben gerufen, das sich »Lesestart – Meilensteine für das Lesen« nennt. Dabei werden Lesestart-Pakete mit Büchern und Informationen verschenkt. Außerdem gibt es eine App zum Download, die beim Lesenlernen hilft.

bundesverband-lesefoerderung.de

Interessante Informationen für Eltern, die sich intensiver mit der Leseförderung – vielleicht nicht nur der eigenen Kinder – auseinandersetzen möchten. Mit vielen Rezensionen und Anregungen.

kinderbuch-couch.de

Die Plattform für Kinder- und Jugendbuch aus dem »Couch«-Universum. Man erfährt viel über Neuerscheinungen, bekommt einen guten Überblick und kann sich eine Menge Anregungen holen.

kinderbuchlesen.de

Ein Blog mit vielen schönen Anregungen, der Lust aufs Lesen macht und auch allerlei Überraschungen bereithält. Hier tauschen sich auch Eltern über Bücher oder Rezensionen aus.

Jugendliteratur.org

Die Website des *Arbeitskreis für Jugendliteratur e. V.* Hier engagieren sich insbesondere Kinder- und Jugendbuchverlage und geben einen Überblick über die Situation des Kinderbuchmarkts und über ihre Aktivitäten, insbesondere natürlich auch den besonders wichtigen Jugendliteraturpreis, der alljährlich in verschiedenen Kategorien vergeben wird.

lesen-in-deutschland.de

Eine interessante Website über Projekte und Initiativen zur Leseförderung mit wichtigen Infos aus der

Forschung, mit Leseempfehlungen und Hinweisen auf Veranstaltungen, Schreibprojekte etc.

stiftunglesen.de
Die *Stiftung Lesen,* die größte unabhängige Einrichtung zur Leseförderung, bietet ein reichhaltiges Programm an Informationen, Tipps und Inspirationen. Hier erfährt man viel über aktuelle Studien, neue Projekte und Angebote rund ums Thema Lesen.

Alle erwähnten Kinder- und Jugendbücher

In unserem Buch werden viele Kinder- und Jugendbücher erwähnt, hier nochmal alle auf einen Blick. Es handelt sich nicht um eine Empfehlungsliste, und es gibt ja auch noch soviel mehr an zauberhaften und klugen Büchern zu entdecken und es erscheinen immer wieder neue. Das beste, was Sie tun können ist daher, Ihre eigene Empfehlungsliste zusammenzustellen. Viel Spaß dabei!

Auer, Margit und Nina Dulleck: Die Schule der magischen Tiere (in mehreren Bänden)

Barklem, Jill (übersetzt von Britta Groiß, Susa Hämmerle und Ilse Walter): Das große Buch vom Brombeerhag

Barrie, James Matthew (übersetzt von Bernd Wilms): Peter Pan

Blyton, Enid: Fünf Freunde (in mehreren Bänden)

Boie, Kirsten: Der kleine Ritter Trenk

Bonsels, Waldemar: Die Biene Maja und ihre Abenteuer

Boyne, John (übersetzt von Brigitte Jakobeit): Der Junge im gestreiften Pyjama

Bradley, Alan (übersetzt von Gerald Jung und Katharina Orgaß): Flavia de Luce – Mord im Gurkenbeet.

Brzechwa, Jan: Die Akademie des Meisters Klecks

Brooks, Walter R. (übersetzt von Yvonne Hergane): Freddy Findig. Aufregung auf der Bean-Farm

Bulgakow, Michail (übersetzt von Thomas Reschke): Der Meister und Margarita

Busch, Wilhelm: Max und Moritz. Eine Bubengeschichte in sieben Streichen

Chapman, Linda (übersetzt von Bettina Schaub u. a.): Sternenschweif (in mehreren Bänden)

Dagmar Chidolue: Millie in Paris

Collodi, Carlo: (übersetzt von Marlene Schneider): Pinocchio

Dahl, Roald (übersetzt von Inge M. Artl): Charlie und die Schokoladenfabrik

– (übersetzt von Adam Quidam): Sophiechen und der Riese

DiCamillo, Kate (übersetzt von Sabine Ludwig): Despereaux – Von einem der auszog das Fürchten zu verlernen

Dumas, Alexandre (übersetzt von August Zoller): Die drei Musketiere

– (übersetzt von Xénia Gharbi und Martin Schoske): Der Graf von Monte Christo

Ende, Michael: Die unendliche Geschichte
– Jim Knopf und Lukas der Lokomotivführer
Funke, Cornelia: Die wilden Hühner (in mehreren Bänden)
– Tintenherz
Goscinny, René und Sempé, Jean-Jacques: Der kleine Nick
Grahame, Kenneth (übersetzt von Gundula Müller-Wallraf): Der Wind in den Weiden
Green, John (übersetzt von Sophie Zeitz-Ventura): Das Schicksal ist ein mieser Verräter
Grimm, Jacob und Wilhelm: Hänsel und Gretel
Held, Kurt: Die rote Zora und ihre Bande
Herrndorf, Wolfgang: Tschick
Hill, Tom: Davy Crocketts Abenteuer
Hoffmann, E. T. A.: Nussknacker und Mausekönig
Hoffmann, Heinrich: Der Struwwelpeter
Kästner, Erich: Das fliegende Klassenzimmer
– Der gestiefelte Kater
Kerr, Judith (übersetzt von Annemarie Böll): Als Hitler das rosa Kaninchen stahl
Kinney, Jeff (übersetzt von Collin McMahon u. a.): Gregs Tagebuch (in mehreren Bänden)
Kirschner, Sabrina: Die unlangweiligste Schule der Welt
Krüss, James: Die glücklichen Inseln hinter dem Winde
– Mein Urgroßvater und ich

Lagerlöf, Selma (in der Nacherzählung von Usch Luhn): Nils Holgersson
Lessing, Gotthold Ephraim: Nathan der Weise
Lindgren, Astrid (übersetzt von Cäcilie Heinig): Kalle Blomqvist, Meisterdetektiv
– (Sammelband, übersetzt von Karl Kurt Peters): Immer dieser Michel
– (Gesamtausgabe, übersetzt von Anna-Liese Kornitzky): Madita
– (Gesamtausgabe, übersetzt von Cäcilie Heinig): Pippi Langstrumpf
Maar, Paul: Eine Woche voller Samstage (und Folgebände)
– Onkel Florians fliegender Flohmarkt
Masannek, Joachim und Birek, Jan: Die wilden Fußballkerle (Reihe)
May, Karl: Winnetou
Meyer, Kai: Die Seiten der Welt
Michels, Tilde und Reinhard Michl: Es klopft bei Wanja in der Nacht
Milne, Alan Alexander (Gesamtausgabe, übersetzt von Harry Rowohlt): Pu der Bär (auch als Hörbuch, gelesen von Harry Rowohlt)
Mira, Lobe und Susi Weigel: Das kleine Ich bin ich
Montasser, Thomas: Peer vom Meer
Nöstlinger, Christine: Detektivgeschichten vom Franz (u. a.)
– Konrad oder das Kind aus der Konservenbüchse

Palacio, Raquel (übersetzt von André Murmot): Wunder

Pantermüller, Alice: Mein Lotta-Leben (in mehreren Bänden)

Poznanski, Ursula: Erebos

Preußler, Otfried und Herbert Lentz: Die dumme Augustine

– Das kleine Gespenst

– Der Räuber Hotzenplotz

– Die kleine Hexe

– Krabat

Renn, Ludwig: Herniu und der blinde Asni

– Nobi

– Trini

Riggs, Ransom (übersetzt von Silvia Kinkel): Die Insel der besonderen Kinder

Rowling, J. K.: Harry Potter (in mehreren Bänden)

Ruck-Pauquèt, Gina: Sandmännchens Geschichtenbuch

Saint-Exupéry, Antoine de: Der kleine Prinz

Salinger, Jerome David (übersetzt von Eike Schönfeld): Der Fänger im Roggen

Scheffler, Axel und Julia Donaldson: Der Grüffelo

Spyri, Johanna: Heidi (erster und zweiter Teil)

Tolkien, J. R. R. (übersetzt von Wolfgang Krege): Der Herr der Ringe (in drei Bänden)

Travers, Pamela L. (übersetzt von Elisabeth Kessel): Mary Poppins

Twain, Mark (übersetzt von Peter Torberg): Die Abenteuer von Tom Sawyer
Verne, Jules (übersetzt von Volker Dehs): 20 000 Meilen unter dem Meer
White, E. B. (übersetzt von Ute Haffmans): Klein Stuart

Quellen

Menschen, die als Kind viel gelesen haben, verdienen als Erwachsene mehr

https://www.wiwo.de/erfolg/hirnforschung-lesen-veraendert-das-gehirn/19886030.html

Wie Lesen unser Gehirn verändert

https://www.wissenschaft.de/umwelt-natur/wie-lesen-unser-gehirn-veraendert/

http://advances.sciencemag.org/content/3/5/e1602612

https://www.spektrum.de/alias/neurowissenschaft/lesen-bildet-das-gehirn/1044326

Interview Ernst Pöppel

https://www.welt.de/wissenschaft/article6990478/Schulbuecher-machen-Kindern-das-Lesen-schwer.html

Stavanger Erklärung

https://www.faz.net/aktuell/feuilleton/buecher/themen/stavanger-erklaerung-von-e-read-zur-zukunft-des-lesens-16000793.html

Über dieses Buch

Dass Kinder immer weniger lesen, hat uns lange umgetrieben. Wir sind beide leidenschaftliche Leser, auch wenn wir ganz unterschiedliche Zugänge hatten und haben.

Christoph Biemann hat früh seinen Vater verloren, wuchs zunächst in der DDR, dann in der BRD auf und hat in Büchern die Welt zu verstehen gelernt. Er wurde von der Großmutter aus der DDR mit den Kinderbüchern versorgt, die dort populär waren, und hat dadurch auch im Westen ein Stück weit ostdeutsche Kindheit erlebt. Viele seiner Kindheitsabenteuer sind zu festen Bestandteilen seiner Persönlichkeit geworden, vielleicht haben sie ihm auch den Weg aufgezeigt, den er später als Filmemacher gegangen ist: die Fantasie blühen zu lassen und den Dingen auf den Grund zu gehen.

Thomas Montasser ist bei seiner Großmutter aufgewachsen. Man hatte nicht viel Geld und auch nur wenige Bücher, Dostojewski und John Knittel sind ihm in Erinnerung. Kinderbücher gab es nicht – bis er eines Tages eine Pop-up-Ausgabe von Carlo Collodis *Pinocchio* geschenkt bekam (die er heute noch besitzt). Und später *Tom Sawyer*, *Robin Hood* und *Robinson Crusoe*.

Aus diesen vier Büchern seiner Kindheit ist eine große Liebe zur Literatur entstanden, die ihn nie wieder losgelassen hat.

Wir beide wollen mit diesem Buch ein wenig mithelfen, dass das besondere Geschenk des Bücherlesens für Kinder nicht verloren geht. Alle Welt spricht von Digitalisierung, in den Schulen sollen die Bücher möglichst durch Bildschirme ersetzt werden, Schullektüren werden immer weiter aus dem Deutschunterricht verdrängt. Es ist nicht schwer, sich auszumalen, dass schon in wenigen Jahren Bücher im Leben der meisten Kinder keine Rolle mehr spielen. Der Verlust, den das für diese Kinder bedeutet, ist kaum ermesslich.

Zugleich wissen wir als Väter sehr gut, dass es nicht einfach ist, Kinder zum Bücherlesen zu animieren. Man muss sich schon etwas einfallen lassen, um gegen die laute und schrille digitale Welt zu punkten. Wir jedenfalls wollten uns etwas einfallen lassen: dieses Buch.

Jeder von uns hat viele persönliche Erlebnisse einfließen lassen, an manchen Stellen haben wir sie individuell kenntlich gemacht. Letztlich aber entspricht alles, was wir hier schildern und empfehlen, unseren eigenen Erfahrungen, gemeinsamen Überlegungen und natürlich auch journalistischen Recherchen.

Christoph Biemann Thomas Montasser

Register

Thomas Montasser

Die magische Lesenacht

112 Seiten, ISBN 978-3-570-17620-7

Amelie und ihre Freunde sind aufgeregt: In der Schule findet eine Lesenacht statt! Die Turnhalle ist wunderschön dekoriert, aber viel wichtiger ist natürlich, wer neben wem liegt, wer den lustigsten Schlafanzug anhat und warum Frau Rödelmeiers Kuschelbär Mozart heißt. Als die Kinder endlich zu lesen beginnen, verwandelt sich der Abend in etwas Magisches. Oder sind alle einfach nur von der Geschichte verzaubert, die von einer Lesenacht handelt, in der merkwürdige und unheimliche Dinge vor sich gehen? Doch dann kommen seltsame Geräusche vom Dachboden, und die ganze Klasse begibt sich auf eine abenteuerliche Safari durchs ganze Schulhaus ...

10410

cbj

www.cbj-verlag.de